Das Buch

Warum Kinder nachts nicht schlafen – hier werden Ursachen der Schlaflosigkeit geschildert. Zum Schlafen brauchen Kinder Nähe – auch nachts. Statt sie schreien zu lassen, bedarf es sanfter und liebevoller Einschlafrituale. Ein Drittel aller Eltern kennt die besondere »Nachtschicht« – ihr Baby will oder kann nicht schlafen, weint oder schreit die ganze Nacht? Dieser Streß muß nicht sein. Hilfen bieten Eva Herman und Dr. Stephan Valentin mit unkomplizierten sanften Schlafritualen. Babys und Kleinkinder brauchen auch nachts Sicherheit und Geborgenheit, das Gefühl der Nähe. Die Autoren vermitteln den Eltern Mut, sich auf ihre innere Stimme zu verlassen und die Einschlafmethoden den Bedürfnissen des Kindes anzupassen.

»Herman und Valentin machen den Lesern Mut, auf ihre innere Stimme zu hören und vermitteln liebevolle Einschlafrituale. Sie zeigen, dass ein sanfter Weg in den Schlaf möglich und wichtig ist.«

ddp

Die Autoren

Eva Herman ist das vertraute Gesicht aus der »Tagesschau« und bekannt durch ihre erfolgreiche Fernseh-Talkshow Herman&Tietjen. Neben Romanen veröffentlichte sie bereits auch ein Sachbuch zum Thema Stillen. Eva Herman hat einen Sohn und lebt in Hamburg.

Dr. Dipl.-Psych. Stephan Valentin hat Schauspiel und Psychologie studiert und praktiziert heute als Kinderpsychologe in Paris. Ehrenamtliche Einsätze führten ihn nach Bombay und an die Elfenbeinküste.

Eva Herman · Stephan Valentin

Mein Kind schläft durch

Der natürliche Weg zu ruhigen Nächten
für Groß und Klein

Ullstein

Besuchen Sie uns im Internet:
www.ullstein-taschenbuch.de

Umwelthinweis:
Dieses Buch wurde auf chlor- und säurefreiem Papier gedruckt.

Ungekürzte Ausgabe im Ullstein Taschenbuch
1. Auflage März 2007

Umschlaggestaltug: Büro Hamburg
Titelabbildung: Etwas Neues entsteht,
unter Verwendung eines Fotos von Getty Images
Satz: LVD GmbH, Berlin
Gesetzt aus der Garamond
Druck und Bindearbeiten: Offizin Andersen Nexö Leipzig GmbH
Printed in Germany
ISBN 978-3-548-36900-6

Die Idole und falschen Begriffe sind derzeit
so tief im menschlichen Geist verankert,
dass die Wahrheit kaum in ihn eindringen kann,
und selbst dann werden sie uns noch bei der
Errichtung der Wissenschaft verwirren.

Francis Bacon, Novum Organum 1620

Inhalt

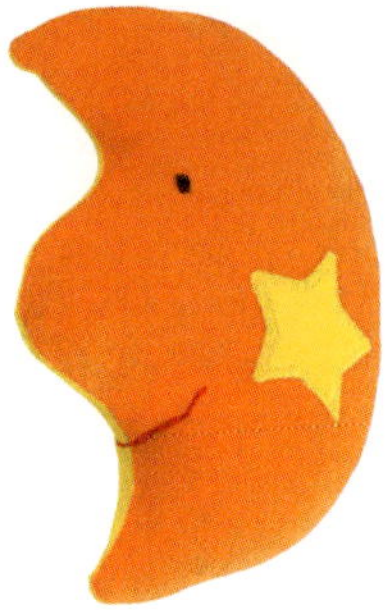

Vorwort

Jeder, der Kinder hat, kennt das: Der Tag war anstrengend und turbulent und die Vorfreude auf einen ruhigen, entspannten Abend beflügelt uns, die lieben Kleinen so schnell wie möglich ins Bett zu bringen.

Und dann tritt das Drama ein und leider nicht zum ersten Mal: Das Kind möchte nicht schlafen, oder es kann nicht. Wir raufen uns die Haare, werden nervös, und je größer unsere eigene Anspannung wird, desto weniger sind wir in der Lage, ausgleichend und beruhigend auf die Kleinen zu wirken.

Die Nervosität überträgt sich, das Chaos ist perfekt, und weit nach Mitternacht ist nicht nur der gemütliche Tagesausklang dahin, sondern auch die wichtige Nachtruhe.

Wenn dieser Fall häufiger eintritt, dies also keine Einzelsituation ist, beginnen wir zu forschen. Fehlt meinem Kind etwas? Bestehen in anderen Familien ähnliche Probleme? Was haben wir falsch gemacht?

Wenn zu allem Überfluss unsere Freunde von ihren Kindern berichten, die selbstverständlich die ganze Nacht durchschlafen, ohne einen Mucks von sich zu geben, beginnt für uns ein ungeheurer Druck. Er setzt sich fort, wenn zusätzlich wohlmeinende Familienangehörige oder Freunde den guten Ratschlag erteilen, das Kind in sein Bett zu legen und ruhig einmal schreien zu lassen. Das soll gut für die Lungen sein, erfahren wir dann häufig und unser Herz dreht sich allein bei diesem Gedanken zweimal um die eigene Achse. Schreien ist für ein Baby aber vorerst die einzige Möglichkeit, seine Eltern zu sich zu rufen. Es schreit niemals aus Vergnügen oder um sie zu ärgern, sondern weil ihm etwas fehlt.

Häufig besteht die Konsequenz darin, dass wir beginnen zu schwindeln. »Ja, natürlich schläft meine Tochter durch«, berichten wir mit zaghaftem Mut in einer Elternrunde. Und dabei ahnen wir nicht, dass wir in diesem Moment genau dasselbe tun wie Millionen anderer Väter und Mütter, die uns mit ihren Aussagen derartig beeindruckt haben, dass wir am Ende nicht anders können, als in das gleiche Horn zu stoßen.

Es wird also Zeit, die Sache etwas genauer zu betrachten, denn das, was wir mit unseren lieben Kleinen durchmachen, ist nichts Außergewöhnliches:

Weltweit schlafen 20 bis 30 Prozent aller Kinder abends »schlecht« ein oder sie wachen nachts auf und schaffen es dann nicht mehr, selbstständig wieder einzunicken. Besonders zwischen dem sechsten Monat und dem dritten Lebensjahr treten diese Probleme bei Kleinkindern auf.

Es gibt Kinder, die sehr viel schlafen, andere nur wenig. Die meisten Säuglinge schlafen 14 bis 16 Stunden. Es gibt jedoch einige, die kommen mit 12 bis 14 Stunden aus, andere brauchen 18 Stunden.

Eltern überschätzen oft die notwendige Schlafenszeit bei ihrem Kind. Sie bringen es zu früh ins Bett und zwingen es in den Schlaf. Die Kleinen sind dann häufig nachts wach, können ihre Eltern an den Rand der Verzweiflung bringen und die ganze Familie in Mitleidenschaft ziehen.

Tagsüber ist das Kind meist unruhig und leicht irritierbar, die Eltern fühlen sich erschöpft, übermüdet und allmählich wächst in ihnen das Gefühl, nicht mehr richtig zu leben. Sie sind schlichtweg am Ende. Auch die Beziehung zwischen den (Ehe)Partnern wird durch immer häufigere Spannungen strapaziert, die sich zu regelrechten Konflikten entwickeln können. »Schaff dir Kinder an, dann weißt du, wie du deine Ehe kaputt kriegst«, klagte neulich ein prominenter Vater in einem Interview im deutschen Fernsehen.

So weit muss es nicht kommen. Die Leiden, die durch Schlafstörungen entstehen können, sind jedoch sowohl für die Kinder als auch ihre Eltern oftmals sehr belastend.

Diese Situation hat uns zum Schreiben dieses Buches angeregt. Uns geht es jedoch nicht darum, ein Patentrezept aus dem Hut zu zaubern, denn ein Allheilmittel, das für alle Menschen gleichermaßen gültig ist, gibt es ebenso wenig wie eine so genannte perfekte Erziehung. Auch Schuldzuweisungen sind nicht unser Anliegen und stehen uns auch nicht zu. Unsere Erfahrung ist, dass Mütter und Väter im Allgemeinen nach bestem Wissen und Gewissen handeln, immer bedacht auf das Wohl ihrer Kinder. Doch sie sind auch von Ratgebern und eingefahrenen Denkmustern umzingelt, die ihnen die jeweils aktuellste Mode in der Kindererziehung oder eine Haltung des »Das-war-schon-immer-so« offerieren. In der Folge wird die eigene innere Stimme oft an den Rand gedrängt, Eltern fühlen sich zunehmend eingeklemmt und gelähmt zwischen widerstreitenden Ratschlägen und fürchten, etwas »falsch« zu machen.

Dieses Buch hingegen soll ein Versuch sein, zu zeigen, was Schlafstörungen im Grunde bedeuten und wie Eltern und Kinder gemeinsam in Verständnis und Liebe ihren eigenen, entspannten und individuellen Weg finden können. Dabei kann man sich von Beispielen anderer Eltern und von den Schlafgewohnheiten anderer Kulturen inspirieren lassen.

Die Lösung von Schlafproblemen ist immer vom Alter des Kindes abhängig. Dabei sollte man nicht bewerten, wie gut oder schlecht diese Lösung ist, sondern auf das Resultat achten. Wo das Kind einschläft – in Ihren Armen, beim Stillen, im Wohnzimmer auf dem Sofa, bei Ihnen im Bett oder in seinem eigenen Zimmer –, es geht letztlich um *seine* Bedürfnisse und diese haben nichts mit den Erwartungen der Gesellschaft zu tun. Wichtig ist, dass Ihr Kind glücklich ist und dass auch Sie mit Ihrer Lösung zufrieden sind. Ein Kind fühlt sich abends beim Einschlafen nur dann geschützt und geborgen, wenn seine Eltern Sicherheit und Ruhe ausstrahlen.

Wir hoffen, dass Ihnen dieses Buch dabei hilft, dass Sie und Ihr Kind eine gesunde und stabile Beziehung miteinander entwickeln, die von Einfühlungsvermögen, Liebe und Vertrauen geprägt ist.

Eva Herman *Stephan Valentin*

Auf diese Frage versuchen Wissenschaftler schon seit den dreißiger Jahren zu antworten. Sie haben seitdem sehr viel über den Schlaf, seine Stadien und seine Störungen herausgefunden. Warum wir aber überhaupt schlafen, ist noch immer ein Rätsel. Dies ist umso erstaunlicher, wenn man bedenkt, dass wir ein Drittel unseres Lebens in diesem Zustand verbringen.

Alles über den Schlaf

Warum schlafen wir?

Bisher gibt es zwei wissenschaftliche Ansatzpunkte, um den Schlaf zu erklären. Der eine meint, dass sich unser Schlaf-Wach-Rhythmus möglicherweise im Laufe unserer Entwicklung an die Lichtverhältnisse angepasst hat. Vor tausenden von Jahren war es für den Menschen viel risikoreicher, sich in der Nacht als am Tage fortzubewegen. Auch wenn das menschliche Auge sich an die Dunkelheit gewöhnen kann, so sehen wir niemals so gut wie am Tage. In der Nacht zu schlafen hatte somit eine beschützende Funktion. Der Mensch begab sich nicht in mögliche gefährliche Situationen, die er tagsüber viel schneller erkannt hätte.

Die zweite, weit verbreitete Annahme ist, dass sich unser Körper in der Nacht von seinen täglichen Anstrengungen erholt und regeneriert. Nicht ohne Grund reden wir im Allgemeinen von einem »erquickenden und erholsamen« Schlaf. Was genau sich dabei in unserem Körper abspielt, ist jedoch noch unbekannt. Möglicherweise werden im Schlaf unsere Nervenzellen wieder neu »aufgetankt«.

Neueste Erkenntnisse bestätigen, dass der Schlaf auch beim Lernen und Erinnern eine wichtige Rolle spielt. Im Schlaf scheint sich das Gelernte zu festigen und prägt sich in unser Gedächtnis ein. Dieser Lernweg ist zu Beginn des Lebens effizienter als später. Die Redensart »Das habe ich wie im Schlaf gelernt« erhält hier ihre ganze Bedeutung.

Eins ist jedoch sicher: Zu wenig Schlaf führt zu Ermüdungserscheinungen am Tage und wirkt sich zum Beispiel bei Kindern negativ auf ihre Leistungsfähigkeit in der Schule aus. Doch auch unsere Entscheidungskraft und Motivation leiden unter akutem Schlafmangel, was sich spätestens am Arbeitsplatz unangenehm auswirkt.

Schlaflos in Amerika

Der 17-jährige Amerikaner Randy Gardner hat 1965 einen bislang unübertroffenen Weltrekord im Wachbleiben aufgestellt hat. Mit Hilfe zweier Freunde hat er es geschafft, elf Tage und Nächte, genau genommen 264 Stunden und 12 Minuten, wachzubleiben. Stimmungsschwankungen, Wahrnehmungsstörungen und extreme Ermüdung waren die Begleiterscheinungen. Aber denken Sie nicht, dass der Teenager danach eine Woche durchgeschlafen hätte. Schon nach einer Nacht von knapp 15 Stunden war Randy Gardner wieder relativ fit auf den Beinen. Seine Gesundheit hat anscheinend nicht sonderlich unter dem massiven Schlafentzug gelitten.

Ruhige Nächte und ein »gesunder« Schlaf sind mitverantwortlich für ein ausgeglichenes und harmonisches Familienleben. Emotionale Spannungen, Nervosität und Reizbarkeit können nach einer guten »Portion« Schlaf leichter abgebaut und der Tag mit frischer Kraft neu angegangen werden. Auch Kinder scheinen tagsüber weniger quengelig zu sein, wenn sie gut ausgeschlafen sind.

Vom eigenen Schlaf und dem der anderen hängt also sehr viel ab. Es ist daher nicht erstaunlich, dass der Schlaf bereits im 19. Jahrhundert zum Forschungsgegenstand geworden ist. Doch erst die moderne Schlafforschung hat den Schlaf und seine einzelnen Phasen untersucht und es geschafft, ihm einige Rätsel zu entlocken sowie Schlafstörungen gezielt zu behandeln.

So ausgelassen, fit und fröhlich –
guter Schlaf macht's möglich.

Schlaf ist nicht nur für unseren Körper wichtig, sondern auch für unser psychisches Wohlbefinden, was sich wiederum und in starkem Ausmaß auf das harmonische Zusammenleben in einer Familie auswirkt.

Was sind eigentlich Schlafphasen?

Lange Zeit glaubte man, dass der Schlaf ein passiver, fast todesähnlicher Zustand wäre. Doch dank der Erfindung des EEGs (Elektroenzephalogramms), das unsere Hirnströme während des Schlafes aufzeichnen kann, sind wir mittlerweile zu der Erkenntnis gekommen, dass es sich um einen sehr aktiven und dynamischen Vorgang handelt.

Der Schlaf besteht aus fünf verschiedenen und aufeinander folgenden Phasen oder Stadien, die sich in der Nacht mehrfach im 90-Minuten-Rhythmus abwechseln. Diese Phasen bilden unseren Schlafzyklus.

In der ersten Phase befinden wir uns im Einschlafstadium. Es ist eine Art Dämmerzustand zwischen Wachen und Einschlafen. Zu diesem Zeitpunkt zeichnet das EEG den so genannten Alpha-Rhythmus auf, der für den wachen Zustand des Gehirns typisch ist. Erst allmählich wird dieser durch kleine, rasche, unregelmäßige Theta-Wellen abgelöst. Trotz geschlossener Lider bewegen sich unsere Augäpfel noch hin und her. Auch unsere Muskeln sind angespannt. Deswegen kann es Ihnen in diesem Stadium passieren, dass Sie kurz aufschrecken. Plötzlich zuckt das Bein oder der Arm und man weiß nicht mal, ob man bereits geschlafen hat oder nicht.

Die raschen Augenbewegungen bezeichnet man in der Fachsprache als REM (englisch: rapid eye movement). Besonders wenn wir träumen, bewegen sich unsere Augen sehr schnell.

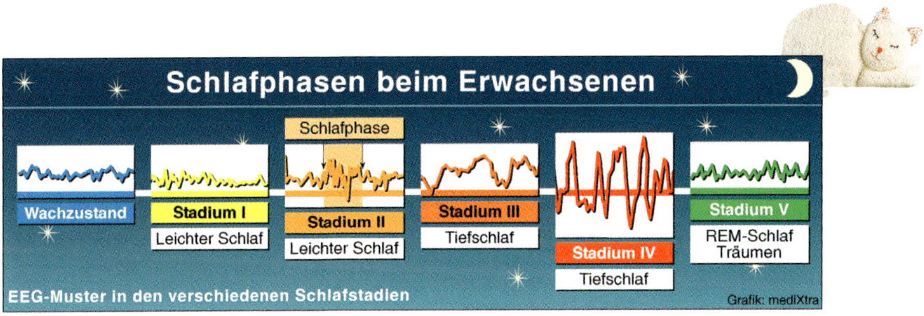

Schlafphasen beim Erwachsenen
Schlafphase
Wachzustand
Stadium I
Leichter Schlaf
Stadium II
Leichter Schlaf
Stadium III
Tiefschlaf
Stadium IV
Tiefschlaf
Stadium V
REM-Schlaf
Träumen
EEG-Muster in den verschiedenen Schlafstadien
Grafik: mediXtra

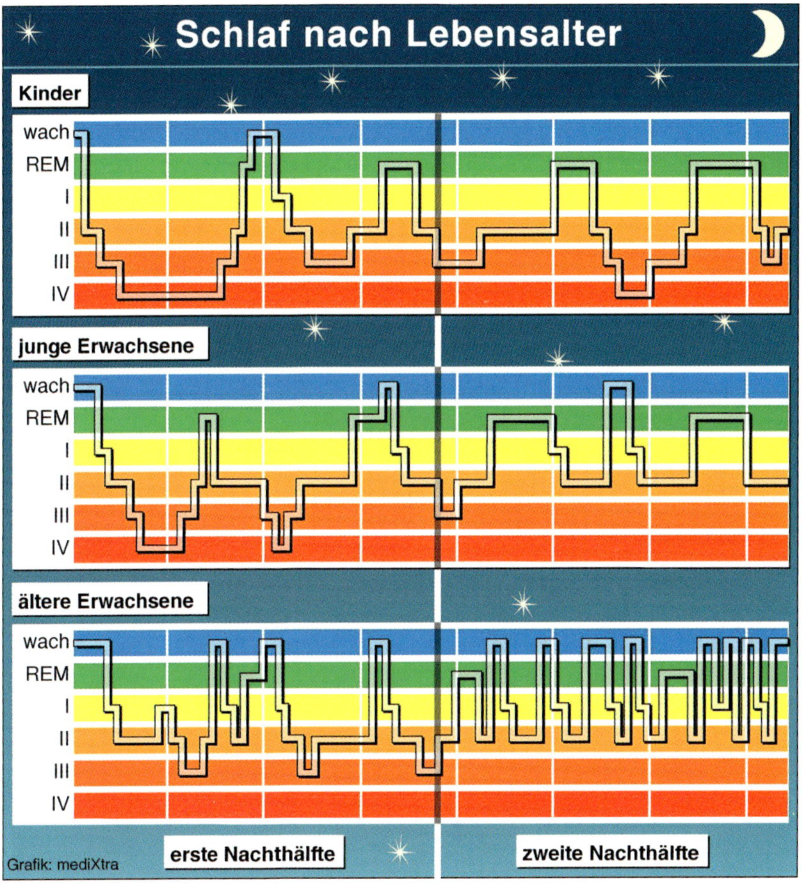

Schlaf nach Lebensalter
Kinder
junge Erwachsene
ältere Erwachsene
wach
REM
I
II
III
IV
erste Nachthälfte
zweite Nachthälfte
Grafik: mediXtra

Deswegen nennt man den Traumschlaf auch REM-Schlaf, der sich vom Tiefschlaf unterscheidet.

Wenn unsere Augen ruhiger werden und sich nach und nach unsere Muskeln entspannen, befinden wir uns in der zweiten Phase. Hier beginnt unser Schlaf erst richtig. Diese Phase erstreckt sich über mehr als die Hälfte unseres gesamten Schlafzyklus' und leitet den Tiefschlaf ein. Er beginnt mit der dritten Phase – dem mittleren Schlaf – und geht über in eine vierte Phase, die man auch als ruhigen Schlaf bezeichnet.

Die Tiefschlafphase ist charakterisiert durch eine ruhige Atmung, eine niedrige Muskelspannung, einen fallenden Blutdruck, und die Augen haben praktisch aufgehört, sich zu bewegen. Unser Gehirn befindet sich in einer Ruhepause, sozusagen wie ein auf »Standby« geschalteter Fernseher. Deshalb zeichnet das EEG nach anfänglich raschen Wellen in der ersten Phase jetzt nur noch hohe und langsame Wellen auf. Es sind die so genannten Delta-Wellen. Sie treten also erst in der dritten Phase auf und nehmen in der vierten stärker zu. Angeblich regeneriert sich unser Körper besonders in dieser ersten Tiefschlafphase. Es werden zum Beispiel verstärkt Wachstumshormone ausgeschüttet, die unter anderem sehr wichtig für die körperliche Entwicklung des Kindes sind. Auch Organe und Gewebe sollen sich im Tiefschlaf erneuern.

Gegen Ende der vierten Schlafphase werden wir etwas aktiv. Wir verändern unsere Körperstellung im Bett und wälzen uns hin und her. Dann folgt für einige Minuten wieder die zweite Schlafphase, in der unser Schlaf leichter ist. Gerade hier kann es Ihnen passieren, dass Sie aufwachen, wenn Sie krank sind und sich unwohl fühlen oder einfach weil Sie Durst haben, denn unser Schlaf ist hier leichter als zu Beginn. Zu diesem

Zeitpunkt registriert der Körper, wenn ihm etwas fehlt, und macht sich bemerkbar. Deswegen ist die periodische Rückkehr in den leichten Schlaf sehr wichtig. Aber auch wenn es Ihnen nicht immer bewusst ist, kommt es oft zu kurzen Momenten des Aufwachens, die ganz normal sind. Dabei können Sie sogar mitunter die Augen aufschlagen. Am nächsten Morgen werden Sie sich jedoch nicht mehr an diese kurzen Unterbrechungen Ihres Schlafs erinnern.

Den Wechsel vom vierten zum zweiten Schlafstadium können Sie sehr gut bei Ihrem Baby beobachten, wenn es zum Beispiel seinen Nachmittagsschlaf hält. Und so lange wie bei einem Erwachsenen müssen Sie gar nicht warten. Der Schlafzyklus beim Baby ist je nach Alter sehr viel kürzer, aber darauf gehen wir später noch genauer ein.

Karin, 34, war ganz überrascht, als sie ins Zimmer ihres einjährigen Sohns Vincent kam und bemerkte, dass er mit offenen Augen im Bett lag. Dabei hatte er nicht mal 40 Minuten geschlafen. »Ich dachte schon, das war ja dann ein kurzes Nickerchen. Ich stand an seinem Bettchen, aber Vincent nahm mich gar nicht wahr. Sekunden später schloss er seine Augen, brummelte noch etwas vor sich hin und schlummerte dann wieder tief und fest.«

Vincent befand sich gerade im leichten Schlaf. Möglicherweise haben auch Sie bei Ihrem Kind festgestellt, dass es nachts ab und zu Töne von sich gibt. Und vielleicht haben Sie in der ersten Zeit sofort nach ihm geschaut, weil Sie glaubten, dass es

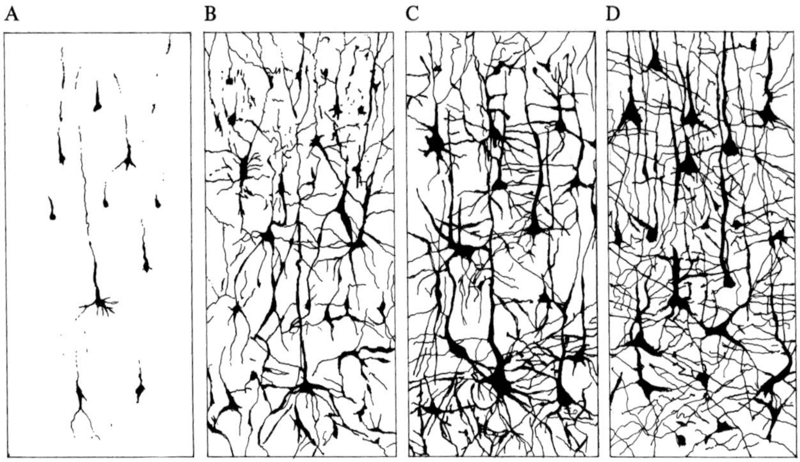

A=Dendritenaussprossung beim Neugeborenen, B=Dendritenaussprossung beim 3 Monate alten Säugling, C=Dendritenaussprossung im Alter von 12 Monaten, D=Dendritenaussprossung bei einem Kleinkind im 3. Lebensjahr

aufgewacht ist. Oft »redet« Ihr Baby einfach nur im Schlaf. Es ist jedoch ein Irrtum zu glauben, dass Sie nur in diesem zweiten Stadium aufgeweckt werden können. Ihr Bewusstsein ist nie ganz ausgeschaltet. Besonders Eltern, die mit ihrem Kind im selben Zimmer oder gemeinsam im Bett schlafen, werden bestätigen, dass sie sehr schnell auf die Geräusche ihres Babys reagieren und aufwachen.

Nun werden Sie sich fragen, wann wir denn träumen? Immerhin haben wir bereits etwa 80 Minuten geschlafen. Eigentlich träumen wir schon im Tiefschlaf. Nur sind unsere Träume in dieser Phase noch nicht so farbenfroh und aufregend.

Der wirkliche Traumschlaf oder REM-Schlaf erscheint sehr plötzlich nach dem erneuten Eintreten in die zweite Schlafphase, das wir gerade beschrieben haben. Wie in der ersten Phase bewegen sich auf einmal unsere Augäpfel hin und her,

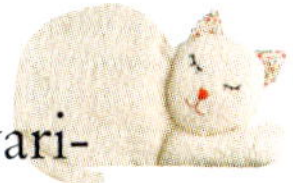

der Blutdruck steigt, die Atmung und die Herzfrequenz variieren stärker. Das EEG zeichnet kurze, rasche Wellen auf. Nur unsere Muskeln sind nicht mehr so angespannt wie zuvor, was uns davor schützt, unsere Träume körperlich mitzuerleben.

In dieser Phase wird nicht nur geträumt. Beim Säugling soll sie zum Beispiel die Entwicklung und Vernetzung des Nervensystems begünstigen, das wie bei vielen anderen Säugetieren nach der Geburt noch nicht vollständig ausgebildet ist (siehe auch Abb. S. 22). Denn physiologisch gesehen ist der menschliche Säugling eine Frühgeburt. Sein eigentlicher Geburtstermin von seiner Reife her wäre im Idealfall der 18. Monat.

Der REM-Schlaf wird schon nach wenigen Minuten wiederum von der zweiten Schlafphase abgelöst und ein neuer Schlafzyklus beginnt. Wir versinken in den Tiefschlaf, um da-

Traumhaus

Stellen Sie sich den Schlaf einfach wie ein großes Haus vor: In der ersten Phase sind Sie ins Haus gekommen und befinden sich in der Eingangshalle. Langsam gehen Sie nun ins Wohnzimmer, also in die zweite Schlafphase. Von dort geht es in einen dritten und vierten Raum, wo Sie sich in einen Sessel setzen und sich die nächsten 30 Minuten ausruhen. Sie befinden sich im Tiefschlaf. Dann müssen Sie wieder für einige Minuten in das erste Wohnzimmer, bevor es ab in den Keller geht. Dort beginnen Sie zu träumen. Die ganze Hausbesichtigung hat etwa 90 Minuten gedauert. Und in einer Nacht durchlaufen Sie mehrmals das Haus.

nach wieder zu träumen. Je länger wir schlafen, umso kürzer wird die Dauer des Tiefschlafs. Und davon profitiert der Traumschlaf, der mit jedem Zyklus zunimmt. In einer Nacht kann sich der gesamte Schlafzyklus vier bis fünf Mal wiederholen. Die zyklische Abfolge der Phasen ist typisch für den Schlaf beim Menschen. Allerdings sind die aufgezeichneten EEG bei jedem von uns verschieden.

Die Schlafphasen beim Baby

Bereits im Mutterleib beginnt der Fötus ab der 36. Schwangerschaftswoche zu schlafen und verbringt die meiste Zeit im REM-Schlaf (Traumschlaf). Vorher befand sich der Embryo in einer Art Halbschlafzustand. Dabei richtet sich der Fötus nicht nach unserem Tag-Nacht-Rhythmus. Oft schläft er gerade dann, wenn die Mutter wach ist und umgekehrt. Besonders zwischen 21 und 24 Uhr ist der Fötus gerne aktiv.

Der REM-Schlaf unterstützt schon beim Fötus die Entwicklung seines Nervensystems. Während der Schwangerschaft ist es deshalb ratsam, auf Alkohol und Zigaretten zu verzichten, denn sie können sich negativ auf den Schlaf des ungeborenen Kindes auswirken und somit auf die Entwicklung seines Gehirns. Drogen sind ebenfalls verboten.

In den ersten 12 Wochen nach der Geburt sind Tiefschlaf und Traumschlaf gleichermaßen verteilt, das heißt 50 Prozent Traumschlaf und 50 Prozent Tiefschlaf. Im Gegensatz zu den 20 Prozent Traumschlaf beim Erwachsenen. Aber schon im Alter von sechs Monaten sinkt beim Kleinkind der Traumschlaf bereits auf 28 Prozent ab.

Der Schlafzyklus beim Baby dauert etwa 40 bis 60 Minuten. Er ist also um fast die Hälfte kürzer als beim Erwachsenen. Erst im Alter von fünf Jahren beträgt der Schlafzyklus des Kindes etwa 60 bis 70 Minuten und nimmt weiter zu, bis er die 90 Minuten wie beim Erwachsenen erreicht.

Auch die Reihenfolge der Schlafphasen ist zu Anfang nicht die gleiche. Der Säugling beginnt seinen Schlaf direkt mit der Traumschlafphase. Erst ab dem dritten Monat folgt der Traumschlaf auf eine Tiefschlafphase wie beim Erwachsenen. Die vier unterschiedlichen Phasen (Einschlafphase, leichter Schlaf, mittlerer Schlaf und Tiefschlaf), die zum Traumschlaf führen, sind dann ab dem sechsten Lebensmonat zu beobachten.

Der Traumschlaf wird beim Baby übrigens auch »unruhiger« Schlaf genannt. In dieser Phase sind die schnellen Augenbewe-

Kinder brauchen ihren Schlaf

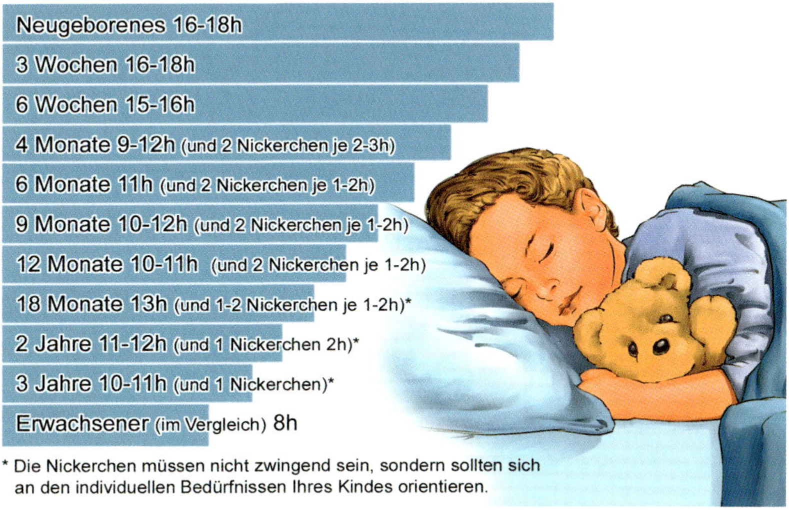

gungen (manchmal mit geöffneten Lidern) identisch mit denen des Erwachsenen. Der Säugling schläft aber viel unruhiger, hat eine lebhafte Mimik, und die Atmung ist unregelmäßig und schnell. Auch Arme und Beine sind längst nicht so entspannt und bewegen sich im Schlaf. Es ist allerdings schwer zu sagen, ob der Säugling wirklich träumt. Schließlich kann er uns seine Träume noch nicht mitteilen. In der Traumschlafphase wacht Ihr Kind aber leichter auf. Und da sie viel länger dauert, ist die Wahrscheinlichkeit höher, dass es durch Lärm geweckt werden kann. Deshalb sollte Ihr Kind an einem ruhigen Ort schlafen. Beseitigen oder reduzieren Sie deshalb lästige Lichtquellen oder Geräusche.

Der Schlaf beim Baby ist also spezifisch und unterscheidet sich noch sehr vom Schlafzyklus der Erwachsenen. Es ist ein aktiver Verhaltenszustand, der erst ausreifen muss. Und das dauert viele Jahre.

Wie lange schläft ein Kind?

Der Säugling schläft in den ersten Wochen etwa durchschnittlich 16 Stunden täglich. Manche Säuglinge benötigen nur 14 Stunden, andere sogar bis zu 20 Stunden Schlaf.

Annika, 28, war darüber sehr besorgt: »Meine Tochter schlief fast gleich nach der Geburt nachts durch. Aber sie wog ja nicht viel und ich wollte sie doch stillen. Was ist, wenn sie nicht genug zunimmt? Ich hatte sogar Angst vor dem näch-

sten Arzttermin, denn die Kleine wurde ja regelmäßig gewogen. Aber ich wagte es auch nicht, sie in ihrem Schlaf zu stören, wie es mir eine Freundin vorgeschlagen hat. Zum Glück hatte ich einen guten Kinderarzt, der mir riet, sie einfach tagsüber häufiger zu stillen. Das war für Maja die richtige Lösung. Und für mich auch. Ihr Gewicht nahm zu, und meine Angst nahm damit ab.«

Gestillte Babys schlafen in der Regel zwei bis drei Stunden und sind dann etwa ein bis zwei Stunden wach, bevor sie wieder einschlafen. Säuglinge, die die Flasche bekommen, schlafen etwas länger, drei bis fünf Stunden. Dass Ihr Kind alle drei bis vier Stunden aufwacht, hängt aber nicht von seinem Hungergefühl ab. Auch bei Säuglingen, die durchgehend intravenös ernährt werden, kann man diesen Schlafrhythmus beobachten.

Diese kurzen Schlafperioden sind gleichmäßig über den ganzen Tag verteilt, und auch nachts wird dieser Rhythmus von den meisten Babys im ersten Monat beibehalten. Da können für manche Eltern die Nächte ziemlich lang werden. Besonders für die Mutter, denn die lieben Väter, wie zum Beispiel Frank, 36, haben oft eine »elegante« Ausrede: »Es bringt nichts, wenn wir beide nachts aufstehen und nach dem Kind sehen. Ich kann die Kleine ja nicht stillen.« Das vielleicht nicht, aber als Mutter kann man sich da manchmal sehr alleine fühlen. Irgendwann muss auch sie entlastet werden, denn die Erschöpfung macht sich nach Wochen unregelmäßigen Schlafes unweigerlich bemerkbar. Da hilft auch nicht der gut gemeinte Rat, zu schlafen, wenn Ihr Baby schläft, um Ihr Schlafdefizit nachzuholen. Denn wer kauft dann ein, putzt, kocht und wäscht die Wäsche? Leider haben nicht alle Haushalte eine unbezahlbare *Mary Poppins*, und nur sechs Prozent der deutschen Väter nehmen den Erziehungsurlaub in Anspruch.[1] Da liegen wir weit hinter unseren skandinavischen Nachbarn. Immerhin beteiligen sich 73 Prozent der Väter hierzulande aktiv an der Säuglingspflege, wenn sie zu Hause sind. Und das macht doch wieder vieles wett. Die Zeiten, wo Mann sich vor feuchten Windeln fürchtete, scheinen endlich vorbei zu sein. Die Väter haben sogar Spaß daran, sich um ihr Kind zu kümmern.

Martin, 32, freut sich nach einem langen Arbeitstag auf seinen vier Monate alten Sohn: »Ich gebe ihm sein Bad, lege ihm die Windel an und ziehe ihn an. Ich versuche einfach die Zeit mit ihm auszunutzen. Und ich weiß, dass meine Frau sich auch freut. Das sehe ich ihrem Lächeln an, wenn sie uns beiden zuschaut. Außerdem kann sie sich dann mal etwas ausruhen.«

Die Entwicklung des Tag-Nacht-Rhythmus, die zwischen der sechsten und der zwölften Woche stattfindet, ist also für Eltern von großem Interesse. Endlich mal selbst wieder mehrere Stunden durchschlafen. Und zu dieser Umstellung tragen Sie sogar sehr viel bei. Die Schlaf- und Wachperioden werden nämlich unter anderem durch die Säuglingspflege, regelmäßige Mahlzeiten, Spaziergänge und die Eltern-Kind-Beziehung

1 Alle deutschen Prozentangaben sind Ergebnisse einer bundesweiten Schlafstudie, vgl. Literaturverzeichnis, Dissertation Stephan Valentin unter www.stephanvalentin.de

(besonders zur Schlafenszeit) beeinflusst. Diese Stimuli nennt man auch soziale Zeitgeber. Schlafrituale weisen zum Beispiel auf den Tag-Nacht-Wechsel hin und signalisieren dem Baby, dass es jetzt Zeit ist zu schlafen. Ihr Kind registriert auch, dass Sie in der Nacht weniger verfügbar sind. Es passt sich sozusagen Ihrem Rhythmus an. Allmählich kommt es deshalb nachts zu längeren Schlafperioden, die bis zu sechs Stunden und mehr dauern können. Gleichzeitig ist Ihr Kind in den frühen Abendstunden länger wach. Es kann aber auch vorkommen, dass die längste ununterbrochene Schlafphase zuerst tagsüber auftritt, und dann langsam auf die Nacht übergeht. Noch bis zum sechsten Monat kann es bei Ihrem Kind vorkommen, dass es nachts vermehrt aufwacht. Spuckanfälle, Hickser oder Schluckauf können den Schlaf verhindern, denn oft sind die physiologischen Prozesse nicht ganz abgeschlossen. Die Mehrheit aller Säuglinge hat sich aber bereits mit vier Monaten auf den zirkadianen, also den Tag-Nacht-Rhythmus eingestellt.

Im vierten Monat schläft Ihr Kind durchschnittlich 14 bis 15 Stunden täglich. Der Schlafbedarf beginnt nun stufenweise zu sinken. Im Alter von sechs Monaten benötigt Ihr Kind in der Regel 13 bis 14 Stunden Schlaf. Mit 12 Monaten sind es nur noch 12 Stunden. Dabei nimmt vor allem der Schlaf am Tag nach und nach ab. Im ersten Jahr hält Ihr Kind noch zwei Nickerchen, vormittags und nachmittags. Ab dem 18. Monat schläft es nur noch am Nachmittag. Mädchen schlafen in den ersten zwei Lebensjahren übrigens etwas länger als Jungen. Wenn Ihr Kind also 24 Monate alt ist, hat es bereits 10 000 Stunden geschlafen – fast 14 Monate lang.

Doch diese Angaben gelten nicht unbedingt für jedes Kind. Jeder Mensch hat ein individuelles Schlafbedürfnis, das biologisch festgelegt zu sein scheint. Schlafstudien, wie die des Züricher Professors Remo H. Largo, haben ergeben, dass der Schlafbedarf eines Kindes nicht von seinem chronologischen Alter abgeleitet werden sollte. Ein einjähriges Kind kann zum Beispiel nur zehn Stunden Schlaf oder weniger brauchen. Ein anderes mehr als 14 Stunden.

Gerade der Nachtschlaf weist in jedem Alter eine große zeitliche Spannweite auf und ist von Kind zu Kind verschieden.

In Hinblick auf den unterschiedlichen kindlichen Schlafbedarf sind jedoch viele Eltern häufig verunsichert. Schon während der Geburt werden alle Angaben über Größe, Gewicht, Kopfumfang etc. des Fötus am Durchschnitt gemessen. Je näher die Prozentzahlen der Messangaben am Durchschnitt liegen, desto beruhigter sind Mutter und Vater. »Mit unserem Baby ist alles in Ordnung.« Doch Kinderärzte werden bestätigen, dass leichte Abweichungen nicht ungewöhnlich und gleich besorgniserregend sind. Genauso ist es beim Schlaf Ihres Kindes. Liegt das Schlafbedürfnis nicht im durchschnittlichen Bereich, so heißt das noch lange nicht, dass etwas mit Ihrem Kind nicht stimmt. Richten Sie sich deshalb nicht nur nach Tabellen und festgelegten Angaben. Versuchen Sie lieber Ihr Kind zu beobachten und sein Schlafverhalten zu verstehen. Finden Sie selbst heraus, wie viel Schlaf Ihr Kind braucht, um am nächsten Tag fit zu sein. Akzeptieren Sie auch, dass das Schlafbedürfnis Ihres Kindes nicht unbedingt das gleiche ist wie bei Ihnen. Braucht Ihr Kind in den ersten zwei Jahren wenig Schlaf, so wird es auch

später wenig schlafen. Kinder, die von Anfang an sehr viel schlafen, werden auch in den folgenden Jahren höchstwahrscheinlich mehr Schlaf benötigen.

Das erste Lebensjahr Ihres Kindes wird begleitet von vielen psychischen und physiologischen Veränderungen. Dank der zunehmenden Entwicklung der Motorik wird Ihr Kind langsam autonom. Auch intellektuell und emotional macht es Fortschritte und neue Erfahrungen. Für die Reifung des menschlichen Schlafverhaltens ist der sechste Monat eine der wichtigsten Etappen. Nervensystem und Schlafmuster sind jetzt so weit, dass ein Kind »durchschlafen« kann. Man spricht deshalb auch erst ab dem sechsten Monat von Schlafstörungen beim Kind.

Schön kuschelig bei Papa im Arm... Einander körperlich zu spüren sind wichtige Momente für Vater und Kind.

Was heißt »Durchschlafen«?

Vielen Eltern scheint dieses Thema so wichtig zu sein, weil ihr Umfeld ihnen signalisiert, dass das Durchschlafen der Kinder ein vorrangiges Erziehungsziel sei. Den Eltern wird suggeriert, ihre Kinder nicht »im Griff« zu haben oder zu nachgiebig zu sein, wenn Schlafprobleme auftreten. Sie werden – oft ohne sich dessen bewusst zu sein – am Schlaf ihrer Kinder gemessen, ob sie »gute Eltern« sind. Der Druck, der sich dadurch aufbaut, ist immens. Aber was heißt eigentlich »durchschlafen«?

Durchschlafen heißt, dass der junge Säugling zwischen zwei Schlafzyklen von je drei bis vier Stunden Dauer nicht aufwacht und schreit. Durchschlafen bedeutet also, dass das Baby sechs bis acht Stunden nacheinander schläft.

Es wäre demnach unrealistisch zu erwarten, dass ein Säugling von 7 Uhr abends bis 7 Uhr morgens selig schläft. Viele Eltern haben aber unrealistische Erwartungen an die Schlafmenge, die ihre Kinder brauchen. Vielleicht auf Grund der eigenen Erschöpfung. Und dies führt oftmals zu der Auffassung, dass das Baby nicht »normal« schläft.

Ein Kind, das sehr früh einschläft und dann wieder aufwacht, wenn seine Eltern zur Arbeit müssen, wäre bestimmt »ideal«. Es entspricht nur leider nicht unbedingt den biologischen Bedürfnissen des Kindes. Und je früher es zu Bett geht, desto größer ist die Chance, dass es morgens sehr früh aufwacht. Da helfen auch keine erzieherischen Maßnahmen.

Falsche Erwartungen bezüglich der Schlafmenge des Kindes sind vor allem in den westlichen Kulturen zu beobachten. Unser Leben gleicht einem Terminkalender. Der Tagesablauf ist genau durchkalkuliert und da gibt es oft wenig Platz für Veränderungen. Nach und nach müssen Eltern aber einsehen, dass sich ihr Kind nur in gewissen Grenzen an ihren Rhythmus anpassen kann. Und dass auch sie selbst etwas auf die Bedürfnisse ihres Kindes eingehen müssen.

Kuckuck, da bin ich wieder! Geht ein Kind früh ins Bett, wacht es auch morgens wieder zeitig auf.

In anderen Kulturen, wie zum Beispiel bei den Kipsigis, einem kenianischen Volk, sind der Tag-Nacht-Rhythmus des Kindes und auch das Durchschlafen von viel geringerer Bedeutung für die Eltern. Anscheinend liegt der Grund dafür in der Tatsache, dass die Kipsigis-Babys bei den Eltern im Bett schlafen und gestillt werden, wann immer sie es wollen. Nicht nur in Afrika, sondern auch in Deutschland haben wir Eltern getroffen, die wie die Kipsigis-Eltern denken. Wenn das Baby im Elternbett schläft, scheint das nächtliche Aufwachen des eigenen Kindes als weniger störend empfunden zu werden. Aber mehr dazu in unserem Kapitel über das »Co-Sleeping« (»in der Nähe der Eltern schlafen«).

Bedenken Sie, dass Ihr Kind schon nach acht Stunden Schlaf die Nacht durchgeschlafen hat. Und Sie wussten es noch nicht einmal …

Wann sollte mein Kind zu Bett gehen?

Diese Frage stellen sich viele Eltern. Die Antwort wird aber nicht immer gemeinsam mit dem Kind gefunden. Mittlerweile weiß zwar der Großteil der Eltern, dass man bei einem kleinen Kind auf Zeichen der Müdigkeit (Augenreiben, Gähnen, Quengeln) achten soll und danach die Schlafenszeit bestimmt. Es kommen aber auch andere Faktoren mit ins Spiel. Zum Beispiel das Fernsehprogramm oder die Erschöpfung der Eltern.

In den westlichen Ländern ist die Mutter ganz allein für die Pflege ihres Kindes verantwortlich. Und das gleich nach der Geburt. Die Großeltern wohnen meistens weit entfernt. Der Vater arbeitet. Mutter und Kind sind also den ganzen Tag mehr oder weniger allein und auf sich gestellt. Man kann sich schon

glücklich nennen, eine Freundin oder eine Nachbarin zu haben, die das Kind ab und zu für kurze Zeit beaufsichtigt. In Afrika zum Beispiel sind die Familien viel größer. Mehrere Generationen leben unter einem Dach oder im selben Ort. Für die afrikanische Mutter gibt es immer eine Möglichkeit, ihr Kind einem Familienmitglied anzuvertrauen. Sogar Kinder ab sechs Jahren betreuen ihre kleinen Geschwisterchen und tragen sie überall mit sich herum. Abends schlafen die Kinder deshalb, weil sie wirklich müde sind und nicht weil die Mutter sich endlich ausruhen möchte.

Auch die eigenen Kindheitserfahrungen können ein Faktor sein. »Als ich klein war, bin ich auch immer um 19 Uhr ins Bett gegangen«, erklärt uns Anke, 34.

Sogar unsere Kultur wirkt auf die Schlafenszeit ein. In Holland werden die Kinder normalerweise um 19 Uhr 30 zu Bett gebracht. Auf die Frage, warum gerade um diese Uhrzeit, können die holländischen Eltern keinen wirklichen Grund nennen. Es ist eben schon immer so gewesen. In Italien dagegen gehen die Kinder sehr spät ins Bett, denn es wird auch erst gegen 20 oder 21 Uhr zu Abend gegessen. Gerade in südlichen Ländern passt sich das Familienleben an das warme Klima an. Viele Aktivitäten beginnen erst, wenn die Temperatur endlich etwas sinkt. Taiwanesische Kinder schlafen noch später ein, zwischen 20 Uhr 30 und 23 Uhr. Bei den Maya, einem Hochgebirgsstamm in Guatemala, wurden überhaupt keine festen Schlafenszeiten beobachtet. Die Maya-Kinder schlafen einfach ein, wenn sie müde sind.

In Deutschland werden die meisten Kinder zwischen 19 und 20 Uhr zu Bett gebracht. Doch in manchen Familien wird nicht viel von festen Schlafenszeiten gehalten.

Renate, 36, denkt: »Es bringt nichts, wenn ich meine zweijährige Tochter zwinge, ins Bett zu gehen. Sie entscheidet allein, wann es Zeit ist. Jeder Tag ist verschieden. Und ich bin ja auch nicht immer um die gleiche Uhrzeit müde.«

Es gibt Eltern-Kind-Beziehungen, wo dieses Arrangement eine sehr gute Lösung ist, denn es kann Konflikte entschärfen. Und sicher ist es richtig, sein Kind nicht zum Schlafen zu zwingen, wenn es noch nicht müde ist. Man spricht hier von einer »verbotenen Zeitzone« (forbidden zone). Gerade dann wird es sich nämlich weigern einzuschlafen. Auch sollte man niemals sein Kind mit dem Ins-Bett-Gehen bestrafen, denn sonst symbolisiert das Bett das Von-der-Familie-ausgeschlossen-Sein. Dennoch sollte man sein eigenes Schlafverhalten nicht auf das seines Kindes projizieren. Die Gefahr besteht dabei, dass man die innere Uhr des Kindes verstellt und ihm unregelmäßige Schlafenszeiten anerzieht.

Im Grunde sind doch alle Kinder gleich. Welches Kind geht schon gerne freiwillig ins Bett? Es ist doch so viel schöner, bei

Biorhythmus

Um herauszufinden wann Ihr Kind am besten ins Bett geht, sollten Sie den biologischen Rhythmus Ihres Kindes beobachten. Bei manchen Kindern kann es allerdings dauern, bis sie ihren eigenen Rhythmus gefunden haben.

Mama und Papa zu bleiben. Und das Hinauszögern des Zu-Bett-Gehens verzögert auch das Abschiednehmen für die Nacht. Je müder ein Kind dabei wird, umso schwieriger wird dieser Moment. Nicht nur für das Kind, sondern auch für seine Eltern. Wenn man den ganzen Tag arbeitet, freut man sich, sein Kind am Abend wiederzusehen. Ihm »Gute Nacht« zu sagen, bedeutet dann auch für die Eltern wieder einen Abschied.

Uaah, bin ich müde... Jetzt ist es Zeit
für's Einschlafen.

Um diese Trennung für die Eltern und ihr Kind zu erleichtern, gibt es Schlafrituale, auf die wir in einem späteren Kapitel noch genauer eingehen werden.

Ein Kind braucht regelmäßige Schlafenszeiten. Es muss ja nicht immer um Punkt 19 Uhr 30 sein. Aber eine gewisse Zeitspanne sollte eingehalten werden. Das Kind weiß, dass es bald Zeit ist zu schlafen, und es gibt ihm Sicherheit. Besonders wenn es alleine in seinem Zimmer schläft und sich innerlich auf die Trennung mit seinen Eltern vorbereiten muss.

»Im ersten halben Jahr war an Rhythmus gar nicht zu denken«, vertraute uns Jutta, 32, an. »Wir haben aufgeatmet, wenn unser Kind nach langem Schaukeln und Zureden endlich eingeschlafen war – jede Tages- und Nachtzeit war uns recht. Danach habe ich angefangen, den Ansatz einer Struktur in unseren Tag zu bekommen. Mittlerweile schläft unsere Tochter morgens bis etwa 6 Uhr, dann wieder von 11 bis 13 oder 14 Uhr und abends ab 19 Uhr 30. Wenn sie allerdings spätnachmittags nochmal im Kinderwagen oder im Auto einschläft, habe ich abends gleich verloren …«

Auch Koliken können bei vielen Babys auf die Schlafenszeit einwirken, so wie bei der kleinen Janina.

Ihre Mutter Andrea, 37, erzählte uns Folgendes: »Zunächst ging drei Monate lang wegen der Koliken gar nichts, wir waren froh, wenn sie irgendwann einschlief. Die letzten drei Monate mit Koliken waren etwas besser, und sie schlief von selbst meist gegen 24 Uhr ein. Dann haben wir versucht, sie morgens langsam immer etwas früher zu wecken (sie schlief sonst am liebsten bis 12 oder 13 Uhr). So verschob sich die Tages- und Nachtschlafzeit etwas nach vorne. Aber sie schlief nach dem Aufstehen auch bald wieder ein.

Inzwischen steht sie meist gegen 8 oder 9 Uhr auf, schläft dann nur noch einmal am Tag (etwa 13 Uhr bis 14 Uhr 30) und am Abend wieder ab etwa 21Uhr. Diese Zeiten passen

am besten in unser Familienleben, ich gehe zur Arbeit und habe am Abend noch etwas von ihr, mein Mann steht nicht gern soooo früh auf. Im Prinzip haben wir ihre Änderungen von dreimal Tagschlaf auf zweimal und nun auf einmal nur versucht zu erkennen und zu unterstützen. Wir zwingen sie nie.«

Lernen Sie Ihr Kind kennen, unabhängig von Ihren eigenen Vorstellungen, wann es schlafen sollte.

Sabine, 36, hat die beste Schlafenszeit für ihren Sohn Max herausgefunden: »In der Regel sieht unser ›abendlicher Zu-Bett-geh-Alltag‹ wie folgt aus: Wir essen zwischen 19 Uhr 15 und 19 Uhr 45 zu Abend. Danach wird noch ein wenig gespielt, meistens getobt, Zähne geputzt, Gesicht und Hände gewaschen.

Normalerweise ist Max (24 Monate) auch schon zum Abendessen umgezogen und gewickelt, so dass er dann ›bettfein‹ ist – das ist meistens gegen 20 Uhr 15.

Ich lege ihn dann hin, was aber anfangs auch ein Sitzen sein kann, wenn wir noch etwas anschauen oder ich etwas vorlese. Er trinkt dann danach oder gleichzeitig eine Milchbreiflasche.

Dabei läuft eine bestimmte Melodie und ich bleibe bei ihm im Zimmer, bis er eingeschlafen ist, was normalerweise in den nächsten zehn Minuten passiert. Es ist ihm recht deut-

lich anzumerken, wenn er nicht müde ist. Dann legt er sich entweder erst gar nicht hin, oder er steht nach dem Trinken nochmals auf und sagt meistens auch, was er noch machen möchte. Ich lass ihn dann und wir warten ab, bis wir das Gefühl haben, dass er wirklich müde ist, und legen ihn wieder hin – oder er tut es auch von alleine.«

Es wird immer wieder Abende geben, wo Ihr Kind zur gewohnten Schlafenszeit einfach nicht einschlafen kann. Aufregende Erlebnisse vom Tage, Krankheiten oder auch emotionale Bedürfnisse machen es ihm ab und zu schwer, sich zu beruhigen. Auch dann ist es ratsam, das Kind nicht zum Einschlafen zu zwingen und ihm Zeit zu geben, langsam »abzuschalten«.

Für Doreen, 25, ist das zur Regel geworden: »Sicher kann es manchmal anstrengend sein, wenn man sich etwas vorgenommen hat und das Kind dann nicht einschlafen will. Ich habe festgestellt, dass es am besten funktioniert, wenn ich einfach ganz entspannt bin und ihn nicht dahin dränge, jetzt unbedingt einzuschlafen. Sollte Patrick (zehn Monate) partout nicht wollen, stehen wir wieder auf und versuchen es eine Stunde später noch einmal.«

Die meisten Kinder schlafen gegen 20 Uhr oder früher ein. Aber es gibt Einzelfälle, wo es nicht zutrifft. Da kann es 21

Uhr und später werden. Die Eltern werden dadurch viel mehr in Anspruch genommen. Respektieren sie aber nicht den Schlafrhythmus ihres Kindes und seine innere Uhr, kann es zu Einschlafstörungen kommen. Das Kind wird in seinem Bettchen schreien und sich in seine Wutanfälle hineinsteigern. In diesem Fall sollte man versuchen, das Kind in das – wenn auch »späte« – Familienleben miteinzubeziehen. Dadurch können Spannungen vermieden werden. Die Eltern werden ebenfalls ruhiger, weil sie den Rhythmus ihres Kindes akzeptiert haben und nicht mehr dagegen ankämpfen. Möglicherweise schlafen dann auch sie besser ein.

Neiiiin, noch nicht schlafen! Bleiben Sie ruhig und stellen Sie sich auf den Biorhythmus Ihres Kindes ein.

Wo sollte mein Kind schlafen?

In Europa, genauso wie in Afrika oder Asien, wird der Moment des Schlafengehens des Babys von seinen Eltern zu Erziehungszwecken genutzt. Das Baby soll durch bestimmte abendliche Maßnahmen zu einem ausgeglichenen und harmonischen Menschen erzogen werden. »Ausgeglichen« und »harmonisch« bedeutet in Japan, dass das Kind sich dem Mitmenschen öffnet und in der Gemeinschaft sein späteres Leben bestreitet. In Deutschland soll das Kind nach den Zielen unserer westlichen Kultur erzogen werden. »Selbstständigkeit«, »Konkurrenzfähigkeit«, »Unabhängigkeit vom Mitmenschen« sind die Ziele dieser Erziehung.

Deutsche Eltern versuchen ihrem Kind die innere Kraft zu geben, die es später brauchen wird, um den psychologischen und sozialen Druck auszuhalten. Ein Druck, der schon ab dem Kindergarten auf die Kleinen ausgeübt wird und sich dann in der Schule und am Arbeitsplatz um einiges steigert. In unserer Kultur geht man davon aus, dass der Stärkere siegt. Und dieser Sieg wird belohnt. Beim Sport mit Pokalen, in der Schule mit Auszeichnungen und später mit Beförderungen. Verlierer finden kaum Beachtung oder soziale Anerkennung. Eltern wissen aus eigener Erfahrung, wie viel unsere heutige Gesellschaft von einem erwartet. Die Angst, ein Kind großzuziehen, das diesen Druck nicht aushält, ist spürbar. Jede Abhängigkeit vom Mitmenschen scheint oft als Hindernis für ein späteres erfolgreiches Leben angesehen zu werden. Diese Sorgen beeinflussen auch die Art und Weise, wie deutsche Babys zu Bett gebracht werden. Die Frage ist: Wo und vor allem mit wem sollen sie am besten schlafen?

Das Co-Sleeping

Immer wieder kann man in Zeitschriften und Schlafbüchern lesen, dass man sein Kind auf keinen Fall im Elternbett schlafen lassen sollte. Hätte sich das Kind erst einmal ans Elternbett gewöhnt, wäre es nicht mehr heraus zu kriegen. Die beschützende Nähe des Körpers der Eltern ist dem Säugling untersagt.

Weltweit gesehen schlafen dennoch die meisten Säuglinge im Bett der Eltern eng am Körper der Mutter oder in ihrer Nähe. Das so genannte Co-Sleeping kann in einer Häufigkeit von 10 bis 100 Prozent in 175 Kulturen beobachtet werden. Zum Beispiel in Indien, Kenia, Mexiko oder auch Indonesien, wo die ganze Familie in einem Raum schläft, noch dazu auf dem Boden. Gibt es ein Bett, schläft der Vater darin.

Auch in Ländern wie Korea, wo sich die landeseigene Kultur mit der westlichen vermischt, ist das Co-Sleeping fest in der Säuglingspflege verankert. Dieses Schlafarrangement wird als unabkömmlich für eine harmonische Beziehung unter den Familienmitgliedern angesehen. Es gibt dort sogar folgendes Sprichwort: »Ein Baby darf nicht allein in einem Zimmer schlafen, ein Erwachsener muss bei ihm sein, um es zu beschützen.« Vor allem die mütterliche Einstellung ist ein wichtiger Faktor für das Co-Sleeping. Koreanische Mütter möchten sich um ihre Kinder kümmern, während es schläft. Sie fühlen sich auch wohler, wenn das Baby bei ihnen ist. Deshalb erscheint ihnen das Co-Sleeping als ganz natürlich und gehört zu den elterlichen Pflichten. Wie in vielen asiatischen Ländern haben auch in Korea Säuglingspflege und Kindererziehung die Nähe zum Mitmenschen als Ziel. Man zieht es vor, vom »wir« zu sprechen und nicht vom »ich«, wie es in westlichen Ländern die Regel ist.

Mama und Papa sind ganz dicht bei mir...
Das Co-Sleeping ist eine wundervolle Alternative zum Alleinschlafen.

Auf der Insel La Réunion besitzen 60 Prozent der Familien eine Wiege für ihr Baby. Nur 10 Prozent der Familien benutzen sie wirklich. Und sogar diese wenigen Eltern zögern nicht, ihr Kind mit zu sich ins Bett zu nehmen, wenn es krank ist oder sich einsam fühlt. Die Wiege wird als Symbol der Trennung von Mutter und Kind empfunden.

Übrigens wurde das Co-Sleeping bis zum Beginn des 20. Jahrhunderts in den USA ebenfalls praktiziert und wird dort gerade wieder modern. Auch im Süden von Europa gehört das Co-Sleeping zum bevorzugten Schlafarrangement. Portugiesische Großeltern sind der Meinung, dass für ein Baby das Allein-Schlafen »gefährlich« und fast »unmenschlich« ist. Die meisten Babys schlafen im ersten Lebensjahr bei ihren Eltern im Bett oder im Zimmer

Das Co-Sleeping beginnt meistens in der Zeit, wenn das Baby gestillt wird, um es der Mutter etwas leichter zu machen. Es fördert auch das Stillen. Die *La Leche League International* hat schon Anfang der achtziger Jahre das Bett als Ort anerkannt, wo man sich um sein Kind kümmern kann. Studien haben ergeben, dass dieses Schlafarrangement größtenteils bei Kindern unter vier Jahren praktiziert wird. Bei 10 bis 23 Prozent wird es noch bis ins Jugendalter beibehalten.

Es ist ganz natürlich, dass ein Kind sich im Bett der Eltern am wohlsten fühlt. Hier findet es Wärme, Geborgenheit und Nähe. Doch immer wieder hört man von den negativen Auswirkungen des Co-Sleepings. Es würde die Entwicklung der Autonomie und Unabhängigkeit des Kindes behindern, begünstige die Abhängigkeit von den Eltern, errege das Kind sexuell, trage zu Schlafstörungen bei und kompliziere das Intimleben der Eltern. Man darf aber nicht vergessen, dass diese Aussagen auf Kriterien der westlichen Kultur basieren, die Individualität und Unabhängigkeit als wesentliche und erstrebenswerte Ziele ansieht. Afroamerikanische Familien möchten ebenfalls, dass ihre Kinder unabhängig und autonom werden. Doch sie sehen das Co-Sleeping als eine Möglichkeit zur Unterstützung dieses Ziels und weniger als Hindernis. Zudem soll das Kind durch diese Art zu schlafen kontaktfreudiger und offener werden. Ein Aspekt, der auch im Mittelpunkt der japanischen Kindererziehung steht. 26 Prozent der japanischen Kinder teilen ein Bett mit ihren Eltern und 79 Prozent schlafen im Schlafzimmer der Eltern. Das Co-Sleeping ist die Norm und kann bis zur Pubertät beibehalten werden. Oft heißt es, dass die Japaner auf Grund beengter Wohnverhältnisse keine andere Möglichkeit hätten, als zusammen in einem Raum zu schlafen. Aber selbst in Familien mit größeren Wohnungen wird das Co-Sleeping praktiziert.

Doch auch in Japan gab es Zeiten, wo das Co-Sleeping verpönt war. Seit den vierziger Jahren predigte der Amerikaner Dr. B. Spock, dass man das Kind allein in einem Zimmer schlafen lassen sollte. Unter allen Umständen sei es der Mutter untersagt, zu ihrem Kind zu gehen und es in den Arm zu nehmen, wenn es in der Nacht schreit. Außer es sei krank. Diese Anweisungen wurden auch in Japan sehr populär und haben die japanischen Schlafgewohnheiten amerikanisiert. In den sechziger Jahren rief jedoch der japanische Kinderarzt Matsuda wieder zum Co-Sleeping auf. Seitdem leben die traditionellen kulturellen Werte wieder auf. Und dies mit Recht. Denn das Co-Sleeping begünstigt unter anderem die neurologische Entwicklung in der Kindheit, und das Baby wird dreimal mehr gestillt als ein Kind, das alleine schläft. Auch schreien die Babys nachts viel weniger, weil die Mutter immer in der Nähe ist und sofort auf ihre Bedürfnisse reagieren kann.

Schreien ist für ein Baby vorerst die einzige Möglichkeit, seine Eltern zu sich zu rufen. Es schreit niemals aus Vergnügen oder um sie zu ärgern, sondern weil ihm etwas fehlt. Ein leises Wimmern bekommen die Eltern im Schlaf aber selten mit, wenn ihr Kind in einem anderen Zimmer schläft. Es muss also erst richtig »loslegen«, um sie aufzuwecken, und steigert sich dann sehr oft in sein Weinen hinein. Die Eltern brauchen dann sehr viel Zeit, Geduld und Liebe, um es wieder zu beruhigen. Ist das Baby endlich versorgt, sind die Eltern ihrerseits putzmunter, wälzen sich im Bett hin und her und können nicht

mehr einschlafen. Da haben es Co-Sleeping-Eltern viel besser. Sie müssen nicht erst aus dem eigenen warmen Bett raus und verschlafen den Gang zum Kinderzimmer laufen. Ein Griff zur Seite genügt.

In einem Dorf in Papaneuguinea haben Forscher beobachtet, wie die nächtliche Ruhe der ganzen Familie (Eltern und Geschwister) nicht mal durch das Stillen des Babys beeinträchtigt wurde. Manchmal bediente sich das Baby einfach selbst und weckte nicht einmal die Mutter dabei auf.

Gerade bei Krankheiten und oder in schwierigen Entwicklungsphasen sucht ein Kind Geborgenheit bei seinen Eltern. Besonders nachts. Ihr Baby muss ja nicht unbedingt bei Ihnen im Bett schlafen. Es reicht schon, wenn sein Bettchen neben dem Ihren steht. Die Kinder schlafen dann auch viel ruhiger. Die Eltern übrigens auch, denn sie müssen nicht immer horchen, ob etwas mit dem Baby nicht stimmt.

Wissenschaftliche Studien wie zum Beispiel von J. Messer & H. E. Stork, 1997, und J. McKenna, E. B. Thoman, T. F. Anders, A. Sadeh, V. L. Schechtman & S. F. Glotzbach, 1993,

---

Die positive Wirkung des Co-Sleeping

Man kann davon ausgehen, dass das Co-Sleeping sich insgesamt positiv auf die ganze psychologische und körperliche Regelung des Kindes auswirkt und sein Gefühl von Sicherheit und Angenommensein erhöht. Man hat außerdem festgestellt, dass Co-Sleeping-Kinder selten Schlafhelfer wie Puppen oder Tücher benötigen, um einzuschlafen.

---

haben zudem bewiesen, dass der plötzliche Kindstod weniger bei Säuglingen auftritt, die bei ihrer Mutter schlafen. Wenn das Kleine in der Nähe der Eltern schläft, reagieren Eltern und Baby im Schlaf auf die Geräusche, beispielsweise Atemgeräusche, und Bewegungen des anderen. Aufnahmen mit der Nachtkamera haben gezeigt, dass die Mutter das Kind bei Atempausen unbewusst anstupst. Voraussetzung ist, dass die Mutter weder unter dem Einfluss von Drogen noch von Beruhigungsmedikamenten oder Alkohol steht.

Besonders bei Säuglingen kommt es zu »unbewussten« Atempausen, die aber selten länger als 15 Sekunden andauern und ungefährlich sind. Je jünger ein Säugling ist, umso häufiger treten diese kurze Pausen auf. Die Anzahl nimmt bis zum Alter von drei Monaten ab, liegt aber dann noch bei rund 40 Atempausen pro 100 Minuten Schlaf.

Atempausen sind in der Regel harmlos, solange der Organismus über eine Reihe von Schutzmechanismen gegen einen bedrohlichen Sauerstoffmangel verfügt. Wird die Atempause zu lang, steigt das Kohlendioxid im Blut des Babys an, und das Atemzentrum im Hirnstamm wird stimuliert. Das Baby wird dadurch angeregt, tief einzuatmen, um den Sauerstoffmangel auszugleichen, und wacht gleichzeitig davon auf. Diese wichtige Aufwachreaktion bezeichnen Mediziner als Arousal-Reaktion. Die Arousal-Schwelle, also die Grenze, bei der ein Baby aufgrund eines Sauerstoffmangels erwacht, kann durch verschiedene Faktoren angehoben werden. Dazu gehören Infekte, Passivrauchen, Überwärmung und Rückatmung. Letzteres bedeutet, dass das Baby die eigene ausgeatmete Luft oder die der Eltern wieder einatmet und somit weniger Sauerstoff erhält. Zu spät wird dann der Sauerstoffmangel vom Körper erkannt.

Dauern diese Atempausen beim Baby länger als 15 Sekunden, schwitzt es ungewöhnlich viel auch ohne zu warme Kleidung oder wird es im Schlaf wiederholt blau oder extrem blass ohne Grunderkrankung, dann sollten Sie unbedingt mit Ihrem Kinderarzt darüber sprechen.

Schläft das Kind im Elternbett, muss auf eine Übererwärmung geachtet werden. Denn nicht nur die Bettdecke wärmt das Baby, sondern auch die Körper der Eltern. Es kann daher zu einer Abgabe von überschüssiger Wärme kommen. Es besteht auch die Gefahr des Einatmens der Ausatemluft der Eltern. Übererwärmung und Rückatmung wirken sich – wie wir gesehen haben – negativ auf die Arousal-Schwelle des Babys aus.

Um eine Überhitzung zu vermeiden, sollte das Baby immer in Rückenlage schlafen. Die Wärmeabgabe des schlafenden Säuglings erfolgt nämlich überwiegend über das Gesicht, denn der Rest des Körpers ist meist bekleidet oder zugedeckt. Liegt das Kind aber auf dem Bauch, wird die Gefahr der Übererwärmung erhöht, und es kann außerdem zu einer möglichen Rückatmung in die Matratze kommen. Beim Schlafen in Bauchlage besteht ein neunfach erhöhtes Risiko des plötzlichen Säuglingstodes. Auch das Bedecken des Kopfes mit Bettzeug sollte unbedingt vermieden werden. Am sichersten sind Schlafsäcke. Große Stofftiere und Kissen haben in der Schlafumgebung des Säuglings ebenfalls nichts zu suchen.

Eine rauchende Mutter erhöht das Risiko des plötzlichen Säuglingstods um das Achtfache. Es ist dringend davon abzuraten, während der Schwangerschaft zu rauchen oder wenn sich das Baby noch im Säuglingsalter befindet. In keinem Fall darf in der Umgebung des Kindes und im Schlafzimmer geraucht werden.

Der beste Schlafplatz für ein Baby ist im Schlafzimmer der Eltern. 80 bis 90 Prozent der Babys, die am plötzlichen Kindstod sterben, sind in der Nacht allein in ihrem Zimmer. In Deutschland schlafen 69 Prozent der Babys trotzdem in ihrem eigenen Zimmer. 31 Prozent der Babys schlafen im Zimmer der Eltern. Davon 16 Prozent im Bett der Eltern und 15 Prozent im eigenen Bettchen. Co-Sleeping wird hierzulande nur selten praktiziert. Und wenn, dann oft heimlich. Eltern, die ihr Kind mit zu sich ins Bett nehmen, haben uns erzählt, wie sehr sie unter dem Einfluss und dem Druck von Seiten ihrer Verwandten oder Freunde leiden. »Du wirst dein Kind verziehen«, »das wird ein Mama-Kind«, »du weißt nicht, was du deinem Kind antust« waren die häufigsten Vorwürfe. Kein Wunder, dass sich diese Mütter unverstanden und sogar schuldig fühlen. Diese Redensarten sind aber falsch und unbegründet. Im Gegenteil: Es gibt dem Baby Sicherheit und Selbstbewusstsein, wenn Mama und Papa auf seine Bedürfnisse eingehen. Eltern sind meistens die besten Experten für ihre eigenen Kinder. Lassen Sie sich also nicht verunsichern.

Margot, 29, erzählte: »Annika ist jetzt zweieinhalb und schlief mit Ausnahme von mehrwöchigen Pausen eigentlich immer in unserem Bett. Wir fühlten immer den Druck ›der Gesellschaft‹, sie ›eigenständig‹ werden und allein schlafen zu lassen. Sie ist sehr selbstständig, klebt weder an Mama noch Papa, sondern wendet sich auch an andere Menschen, und daher denken wir, dass das schon o.k. ist. Und wir mögen es auch, weil wir dann sehen, ob sie beim nächtlichen Husten

gleich erstickt oder sonst was los ist. Unsere Tochter schläft durch, wenn sie mit uns im Zimmer schlafen kann.«
Auch Heike, 37, sagte uns: »Mein Sohn schläft seit Geburt an mit mir im Bett. Dieser Tatsache wird überwiegend Skepsis und Ablehnung entgegengebracht und es erfordert eine gewisse Ignoranz meinerseits, nicht darauf einzugehen. Ich glaube, nicht eine einzige Person in meinem Freundes- und Familienkreis verstärkt dies positiv.«

So wie diesen beiden Müttern wird es vielen Eltern gehen. Durch den äußeren Druck auf ihre Psyche befinden sich Co-Sleeping-Eltern im Konflikt mit ihren eigenen Vorstellungen und denen der Gesellschaft. Das Co-Sleeping scheint nicht so ganz in die »Gebote« der deutschen Säuglingspflege zu passen. Im eigenen Zimmer zu schlafen ist ein vermeintliches Zeichen für Selbstständigkeit und somit ein Schritt hin zum Erwachsensein.

Es bedarf also viel Kraft und Durchsetzungsvermögen seitens der Eltern wie bei Julia, 32, um diesem sozialen Druck standzuhalten: »Freunde und Verwandte haben nach etwa einem Jahr aufgehört zu fragen, ob ›er denn nun schon mal in seinem eigenen Bett‹ schläft, nachdem wir uns einmal etwas vehementer dahingehend geäußert haben, dass das niemanden außer uns etwas angeht. Ich frage ja auch nicht, wer rechts im Ehebett schläft oder ob die Leute getrennte Schlafzimmer haben.«

Es gibt keine wissenschaftlichen Nachweise, die einen Zusammenhang zwischen Co-Sleeping und negativen Folgen für die Psyche des Kindes feststellen. Im Gegenteil, die einzige Studie in Bezug auf die psychologischen und soziologischen Auswirkungen des Co-Sleepings hat nur positive Ergebnisse zu Tage gefördert.

Wir können Ihnen versichern, dass das Co-Sleeping den Charakter Ihres Kindes nicht negativ beeinflusst.

In Indien oder Japan, wo das Co-Sleeping zur Schlafkultur gehört, haben wir bis jetzt noch keine Generation von verwöhnten Kindern finden können. Unsere Kultur hat nur die Tradition des Co-Sleeping aus den Augen verloren. Außerdem kann man ein Kind im ersten Jahr gar nicht im negativen Sinn verwöhnen. Erst recht nicht durch die Nähe zur Mutter. Auch nicht durch ihre Liebe und Zärtlichkeit. Was sich aber negativ auf die Psyche des Kindes auswirkt, ist, wenn man nicht auf seine momentanen Bedürfnisse eingeht und sie ignoriert.

Auch die diffuse Angst vieler Eltern, dass ihr Kind aus dem Bett fällt oder dass sie es in der Nacht erdrücken könnten, ist unbegründet. Aufnahmen mit Hilfe einer Infrarot-Kamera, mit der man in der Dunkelheit filmen kann, haben deutlich gezeigt, dass die Bewegungen von Kind und Eltern instinktiv koordiniert sind, und in keinem einzigen Moment war das Leben des Säuglings in Gefahr. Das funktioniert natürlich nur, wenn die Sinnesorgane und die Motorik der Eltern nicht durch Drogen, Schlafmedikamente oder Alkohol beeinträchtigt sind.

In diesen Fällen können die Eltern in der Nacht nicht richtig auf ihr Baby reagieren.

Amerikanische Studien besagen, dass das Co-Sleeping für Schlafstörungen beim Kind verantwortlich wäre. Dabei wird besonders darauf geachtet, wie oft ein Kind in der Nacht aufwacht. Aber vielleicht bemerken Eltern in diesem Fall einfach mehr, dass ihr Kind aufwacht, weil sie eben im selben Zimmer schlafen. Alle Kinder wachen in der Nacht mehrmals auf. Aber wie könnten Sie das bei Ihrem Kind beobachten, wenn Sie in getrennten Zimmern schlafen? Nicht jedes Kind schreit, wenn es kurz aufwacht, viele schlafen gleich wieder ein. Und auch

Körperliche Nähe unterstützt die Entwicklung des kindlichen Urvertrauens.

wenn das Kind häufiger aufwacht, bedeutet das etwa, dass es deswegen darunter leidet? Ein Kind möchte sich vielleicht nur versichern, dass seine Eltern noch da sind und dass alles mit ihnen in Ordnung ist.

Die amerikanische Anthropologin Carol Wortham hat zehn Stämme von urzeitlichen Jägern erforscht. In keinem einzigen Stamm schliefen die Kinder von ihren Eltern getrennt. Unser »Ideal« – allein zu schlafen – ist relativ neu. Nachts aufwachen und sich um sein Kind kümmern ist für Wortham ein natürliches und gesundes Verhalten. Man sollte sich gut überlegen, ob die Erwartungen unserer Gesellschaft auch gut für unsere eigene Gesundheit ist.

Ab dem sechsten Monat kann ein Kind generell durchschlafen. Heißt das aber auch gleichzeitig, dass es schon *allein* schlafen kann? Vielleicht verlangen manche Eltern etwas zu viel von ihrem kleinen Baby. Warum nicht etwas abwarten, bis sich das Kind selbst für das Alleinschlafen entscheidet? So wie es auf einmal selbst den Löffel in die Hand nimmt und allein isst. Schließlich kommt ein Baby seit tausenden von Jahren mit derselben Erwartungshaltung auf die Welt, nämlich nach Nähe und Körperkontakt – am liebsten 24 Stunden am Tag.

Ab wann sollte ein Kind allein schlafen?

Bei jedem Kind kann der Zeitpunkt dafür verschieden sein. Das hängt unter anderem von seinen individuellen emotionalen Bedürfnissen ab. Auch unter Geschwistern kann man das sehr gut beobachten.

Andrea, 27, Mutter von drei Kindern, kann dies bestätigen: »Julian haben wir vor fünf Jahren nur zum Stillen zu uns ins Bett genommen, ansonsten hat er in seinem eigenen Bettchen in unserem Zimmer geschlafen. Er hat nachts im ersten Jahr noch sehr oft getrunken, dann aber so mit etwa 15 Monaten durchgeschlafen und hat damit bis heute keine Probleme. Er schläft seitdem in seinem Zimmer im eigenen Bett.

Laurin hat in seinem Bettchen geschlafen und kam auch nur zum Stillen rüber. Anders als bei Julian ist es uns aber hin und wieder passiert, dass wir beide über dem Stillen eingeschlafen waren und Laurin deswegen zeitweilig bei uns geschlafen hat. Das haben wir auch den Großeltern und Freunden erzählt, die darauf mit Missfallen reagiert haben. Sie meinten, wir würden unser Kind verwöhnen. Was uns natürlich zumindest zeitweise verunsichert hat.

Laurin hat so mit etwa zwei Jahren wirklich durchgeschlafen. Er brauchte dann aber immer noch wieder die Gewissheit, dass Mama und Papa da sind. Wir sind dann zu ihm hingegangen, haben mit ihm gesprochen und er hat weitergeschlafen. Im eigenen Bett, im eigenen Zimmer.

Sara-Marie hat schon im Krankenhaus deutlich gemacht, dass sie nachts nur bei mir schlafen möchte. Sie war tagsüber gut zufrieden in der Wiege, aber sobald ich abends selber in mein Bett gehen wollte, war sie schon im Krankenhaus unruhig. Nahm ich sie zu mir, schlief sie ein. Morgens ging sie dann wieder ohne Probleme in ihr Bettchen.

Das hat sich lange auch zu Hause so abgespielt. Als sie etwa zehn Monate alt war, sind wir in unseren Neubau ge-

zogen, und ich habe sie abends zum Spaß in ihr Bett in ihrem Zimmer gelegt und sie hat geschlafen. Von da an schlief sie alleine und mittlerweile auch fast immer durch.

Freunde und Verwandte haben mit absolutem Unverständnis reagiert. Aber meine Hebamme hat immer gesagt, dass Sara-Maries Verhalten normal ist, und so hatte ich mehr Selbstvertrauen und habe sie auch bei mir behalten. Das war für uns beide nachts sehr gut und entspannend, vor allem wegen des Stillens.«

Dennoch möchten viele Eltern, dass ihr Kind so früh wie möglich in seinem eigenen Zimmer schläft. Grund ist unter anderem auch ihr Intimleben.

Eltern sollten keinen Sex haben, wenn das Kind anwesend ist, außer das Kind ist noch sehr klein. Schon Sigmund Freud glaubte, dass dies neurotisierend sei. Auch die Psychoanalytikerin Melanie Klein verlangte Anfang des 20. Jahrhunderts, dass das Kind in keinem Fall im Schlafzimmer der Eltern schlafen sollte. Dieses »Tabu des Bettes« existiert nicht nur in der westlichen Welt. Auch in Afrika, zum Beispiel in Kamerun, schläft die Mutter mit ihren Kindern in einem Bett, aber in einem eigenen Haus. Wenn die Eltern intim sein wollen, treffen sie sich im Haus des Vaters.

Vielleicht haben deutsche Eltern nun nicht gerade zwei Eigenheime, um es den Kamerunern nachzumachen, aber zum Beispiel zwei Zimmer. Es wird bestimmt immer eine Möglichkeit geben, ein aktives Liebesleben zu führen, ohne dass dabei Ihr Kind zuschaut.

Damit das Co-Sleeping funktioniert, ist eine Voraussetzung notwendig: Eltern und Baby müssen es wollen!

Iris, 37, hat das Co-Sleeping zum Beispiel bei ihren beiden Kindern erfolglos versucht: »Bastian, drei Jahre, kommt ab und zu mal, wenn er schlecht geträumt hat. Ansonsten nicht. Vivian, eineinhalb Jahre, kann bei uns gar nicht schlafen, es ist ihr wahrscheinlich zu laut, denn mein Mann schnarcht ab und zu.

Wir haben sie mal, als sie gezahnt hat, zu uns genommen, hat gar nicht geklappt …«

Wenn das Co-Sleeping aber von der Familie ganz natürlich als das bevorzugte Schlafarrangement angenommen wird, dann gibt es auch keine Spannungen zwischen Eltern und Kind, oder sie werden auf ein Minimum reduziert. Vielleicht sollten wir einfach etwas toleranter miteinander umgehen und die Gewohnheiten in anderen Familien respektieren. Die Entscheidung für eine bestimmte Art zu schlafen sollte den Eltern und ihrem Baby überlassen bleiben. Auch bei der kinderärztlichen Beratung sollten die individuellen Bedürfnisse des Kindes, die familiäre Situation und der kulturelle Hintergrund berücksichtigt werden. Wir denken jedoch, dass das Baby vor allem in seinen ersten Lebensmonaten besser im Zimmer der Eltern aufgehoben ist. Besonders direkt nach der Geburt. Damit wird eine traumatische Trennung von der Mutter vermieden.

Ein kleiner Ausflug in die Vielfalt und Geschichte der Babypflege

Kultur und Säuglingspflege

In jedem Land trifft man auf eine Vielzahl von Nationalitäten und Völkern. Geht man hinaus auf die Straße, wird man sich dessen sofort bewusst. Dadurch werden wir tagtäglich mit anderen Kulturen und ihren Bräuchen und sozialen Werten konfrontiert. Auch die Art und Weise, wie man sich um sein Baby kümmert, variiert je nach Kultur. Etwas ändert sich aber nie: Die Sorge, dem Kind die bestmöglichen Bedingungen für seine optimale Entwicklung zu bieten.

Jeder Kulturkreis hat seine eigenen, weit verbreiteten Vorstellungen, wie man ein Baby am besten pflegt. Diese Kollektivvorstellungen nennt man auch »Naive Theorien« oder »Ethnotheorien«. Sie wirken wie ein Filter und regulieren die Eltern-Kind-Beziehung. Naive Theorien werden auch durch unsere eigenen Erfahrungen innerhalb der Familie, unsere Persönlichkeit und durch die Werte unserer Kultur bereichert.

In Mali, bei den Bambara, wird das Baby beispielsweise nicht nur aus hygienischen Gründen gebadet. Das Baden soll das Baby vor den Angriffen einer Welt beschützen, in der seine Ahnen und Geister leben. In seinem ersten Lebensjahr sei das Kind ein verwundbares Wesen, da es noch nicht ganz vermenschlicht ist, denn es kann weder sprechen noch laufen. Die Bambara sind der Überzeugung, dass das Kind jederzeit in diese Geisterwelt, aus der es zu uns gekommen ist, zurückkehren könnte. Diese Welt soll viel sanfter und schöner sein als die Welt der Menschen. Die Erwachsenen müssen deshalb besonders viel Geduld, Liebe und Takt zeigen, um das Kind für immer an unsere Welt zu binden. Während des Badens werden besonders die Körperöffnungen des Kindes (wie Nasen- und Ohrenlöcher) von Unreinheiten, die das Eindringen der Geister begünstigen, sorgfältig gereinigt.

Die Praktiken der Säuglingspflege werden von Generation zu Generation weitergegeben. Dies ist vor allem ein kultureller Prozess, denn genetisch wurde uns nicht vererbt, wie man am besten sein Kind badet oder massiert. In unserem Zeitalter suchen viele Eltern allerdings weniger Informationen über die Säuglingspflege im eigenen kulturellen Erbe. Sie finden Tipps und Anweisungen in Büchern und Zeitschriften. Immer häufiger wird in Artikeln der kulturelle Vergleich mit Afrika oder Asien angestrebt. Der Trend zur traditionellen Säuglingspflege ist offensichtlich.

Thailändische Mütter tragen ihr Baby auf dem Rücken, damit sie spüren, was es gerade fühlt und braucht.

Es gibt drei verschiedene Typen in der Säuglingspflege. Den Typ, wo Körperberührungen und kinetische (auf Bewegung beruhende) Stimulationen überwiegen, nennt man den »proximalen« mütterlichen Pflegetyp. Proximal kommt von Nähe. Mutter und Baby sind quasi immer in engem Kontakt. Gerade die taktilen und kinetischen Stimulierungen erklären, warum afrikanische Babys motorisch gesehen den europäischen und amerikanischen Babys im ersten Jahr weit voraus sind. Diesen Pflegetyp trifft man gewöhnlich in Asien und in Afrika an. Das Baby wird auf dem Rücken oder auf der Hüfte getragen. Beim Baden legt zum Beispiel die indische Mutter ihr Baby auf ihre ausgestreckten Beine und wäscht es. Ihr Körper dient als sichere Unterlage. Anschließend wird das Baby mit Körperölen massiert. Eine Massage, die für die Europäer einer Gymnastikübung ähnelt. Herz-Kreislauf-Funktion sowie die Durchblutung der Haut und der Muskeln werden dadurch angeregt. Am Abend wird das Baby in den Schlaf gewiegt, und Mutter und Kind schlafen zusammen in einem Bett. Der Körper der Mutter und des Babys passen sich den ganzen Tag lang aneinander an. Das Baby wird niemals alleine gelassen. Durch diese Nähe fühlt es sich geborgen und in Sicherheit.

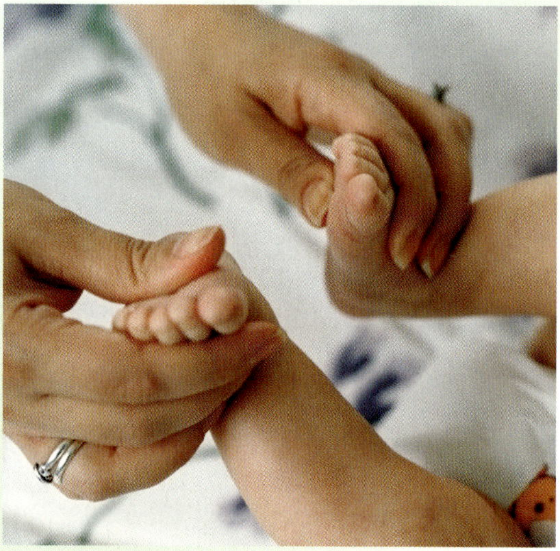

Wie wohlig sich das anfühlt. Massagen wirken beruhigend und entspannend, vermitteln Liebe und Zärtlichkeit.

Der zweite Pflegetyp ist das genaue Gegenteil von dem eben beschriebenen. Man nennt ihn den »distalen« Typ, der vorwiegend im Westen zu beobachten ist. »Distal«, weil die Mutter eine gewisse Distanz zu ihrem Baby schafft. Das Baby wird auf einen Wickeltisch gelegt; anstatt das Baby zu tragen, wird es im Kinderwagen geschoben; in der Nacht schläft das Baby meistens allein in seiner Wiege und vorwiegend in seinem eigenen Zimmer. Und selbst wenn es nicht schläft, liegt das Kleine auf seinem Spielteppich oder befindet sich im Laufstall.

Die Mutter überbrückt die Distanz zu ihrem Baby mit Hilfe ihrer Stimme. Sie spricht ständig zu ihm und ihre Stimme begleitet alle Bewegungen und Reaktionen des Babys. So weiß es, dass seine Mutter in der Nähe ist und fühlt sich so nicht alleine. Dieser stimmliche Kontakt wird durch den visuellen ergänzt. Mutter und Kind schauen sich sehr oft in die Augen. Das allein setzt schon eine gewisse Distanz zum anderen voraus. Ist man zu nah, kann man sich schlecht anschauen.

Der letzte Pflegetyp ist eine Kombination von »proximal« und »distal«. Wahrscheinlich ist diese Art, sich um sein Kind zu kümmern, auf den Einfluss fremder Kulturen – afrikanische, südamerikanische oder indische – zurückzuführen. Sei es durch die Zeit des Kolonialismus oder durch das heutige Zusammenleben mit Menschen unterschiedlicher Herkunft. In diesem »gemischten« Pflegetyp herrscht ebenfalls eine gewisse Distanz im Kontakt zum Baby, doch »proximale« Beruhigungsmethoden relativieren diese Distanz. Zum Beispiel, wenn die Mutter dem Kind die Brust gibt.

Hier handelt es sich natürlich um eine Schematisierung. Nicht in jedem Land oder jeder Region dominiert nur einer dieser drei Pflegetypen. Kulturelle und traditionelle Faktoren spielen hierbei eine große Rolle. Auch die Erfahrungen innerhalb der Familie. Sogar in Europa ist der »distale« Pflegestil nicht überall präsent. Gerade in Südeuropa überwiegt der »proximale« oder »gemischte« Typ. Die Distanz zum Baby ist dennoch eine Dominante, die man vorwiegend im Westen antrifft. Woher kommt sie eigentlich? War sie immer schon Teil der westlichen Kultur oder ist sie eine Neuerscheinung? Mehr dazu erfahren Sie im folgenden historischen und kulturellen Überblick.

Die »gesunde« Distanz zum Kind

Eltern zu werden, bedeutet auch, dass man zum großen Teil das Verhalten der eigenen Eltern nachahmt. Die Art und Weise, wie man sich um sein Kind kümmert, hängt mit von diesem Erbe ab. Ein Erbe, das in jeder Familie einzig ist und kulturell überliefert wurde. Um das heutige Handeln deutscher Eltern zu verstehen, zum Beispiel wie sie abends ihr Kind zu Bett bringen, muss man auch die deutsche Vergangenheit hinterfragen.

Bis zur zweiten Hälfte des 19. Jahrhunderts, in der wichtige medizinische Fortschritte erzielt wurden, unterscheidet sich Deutschland nicht wesentlich von seinen europäischen Nachbarn hinsichtlich der Prinzipien der Säuglingspflege. Ihr Hauptziel war, Ratschläge zur Hygiene und Pflege des Kindes zu geben, um es am Leben zu erhalten, damit es groß und stark wird. Die Besorgnis der Ärzte war demnach nicht das psychische Wohl des Babys. Dies ist vor dem Hintergrund der hohen Kindersterblichkeitsrate nur allzu verständlich. Vor 100 Jahren starben in Deutschland noch 15 Prozent aller Kinder im ersten Lebensjahr. Kein Wunder, dass der Schlaf des Kindes zur damaligen Zeit wenig Beachtung fand.

Die Meinung, dass ein Kind nicht im Elternbett schlafen sollte, wurde aber schon seit dem 9. Jahrhundert von der Kirche vertreten. Häufig wurde die Tötung des eigenen Kindes von den Eltern als ungewollte Erstickung oder unbeabsichtigte Erdrückung im Elternbett getarnt. Kindesmord war jahrhundertelang eine tief verwurzelte Praxis in der Gesellschaft. Ein Mann konnte mit seinen Kindern tun, was er wollte, denn »werfen wir nicht auch unsere Spucke, unsere Läuse und dergleichen unnütze Dinge von uns, obgleich sie von uns selbst erzeugt worden sind« (in: deMause, 1977). Andere, wie zum Beispiel Seneca, behaupten, es würden nur kranke Kinder umgebracht: »Tolle Hunde bringen wir um; einen wilden und unbändigen Ochsen hauen wir nieder, und an krankhaftes Vieh, damit es die Herde nicht anstecke, legen wir das Messer, ungestalte Geburten schaffen wir aus der Welt, auch Kinder, wenn sie gebrechlich und missgestaltet zur Welt kommen, ersäufen wir. Es ist nicht Zorn, sondern Vernunft das Unbrauchbare von dem Gesunden abzusondern.« In Mythos, Tragödie und der Neuen Komödie, deren Hauptgegenstand häufig darin besteht, wie lustig ein Kindesmord ist, spielt das Thema der Aussetzung eine große Rolle.

Auch Witwen versuchten oft ihre Kinder aus dem »Weg zu räumen«, um so die Chancen einer erneuten Heirat zu verbessern. Die Kirche wollte mit ihren Ermahnungen diesem Morden ein Ende setzen, das bis ins 13. Jahrhundert für gewöhnlich als Sünde betrachtet wurde. Nicht das Gesetz, sondern die Kirche urteilte über dieses Vergehen. Durch die Wiege wurde das Kind von seinen Eltern entfernt und zugleich geschützt.

Seit dem Mittelalter sah man im Kind eine seelenlose Kreatur, deren Leben auf Erden nur wenig Mitleid von Seiten der Erwachsenen verdiente. Erst im 16. Jahrhundert vollzog sich ein Wandel in dieser Haltung. Aber auch nur beim Adel und in der Bourgeoisie. In allen anderen Gesellschaftsschichten zeigte man sich bis ins 18. Jahrhundert eher teilnahmslos, was das Schicksal der Kinder betraf. Dessen körperliches und psychisches Wohl stand nicht zur Debatte. Um das Kleinkind zu beruhigen und zum Einschlafen zu bringen, schüttelte man es heftig. Diese Brutalität der damaligen Kindermädchen führte auch dazu, dass deutsche Ärzte des 18. Jahrhunderts sich gegen das grobe Schaukeln aussprachen, »durch das das Baby in einen Zustand der Benommenheit versetzt wird, damit es diejenigen, in deren Obhut es ist, nicht stört« (in: deMause, 1977). Ammen steigerten sich in die äußerste Wut und versuchten durch schroffe Drohungen und heftiges Klappern der Rassel die Schreie des Babys zu ersticken und es in den Schlaf zu zwingen.

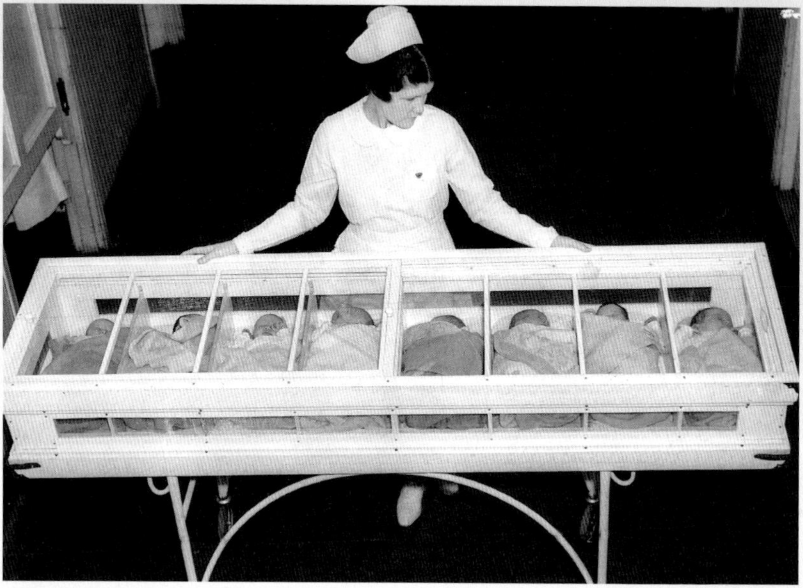

Das Neugeborene hat nichts weiter nötig als regelmäßige Reinhaltung, Ernährung und ein tägliches Bad. (J.Haarer, 1936)

Bis zum 18. Jahrhundert war es ebenfalls üblich, dass Kinder wohlhabender Eltern ihre ersten Jahre bei einer Säugamme verbrachten, um dann wieder nach Hause zurückzukehren, wo sie von Bediensteten erzogen wurden. Die Babys wurden also sowohl von der Mutterbrust als auch vom Elternbett getrennt.

Mit den Entdeckungen von Louis Pasteur im 19. Jahrhundert widmete sich die offizielle Säuglingspflege allmählich dem Schlaf des Kindes. Denn durch Schutzimpfungen gegen Hühnercholera, Milzbrand oder Tollwut nahm die Kindersterblichkeitsrate nach und nach ab. Doch noch immer schien die Distanz zum Kind ratsamer, um es vor ansteckenden Krankheiten zu schützen.

Zu Beginn des 20. Jahrhunderts war es die Psychoanalyse, die forderte, dass das Kind in seinem eigenen Zimmer schläft. Psychische Traumatisierungen, vor allem sexueller Art, in früher Kindheit wären ausschlaggebend für die Entstehung von Neurosen. Sigmund Freud war der Auffassung, dass die Beobachtung der Urszene, also des Geschlechtsverkehrs zwischen den Eltern, vom Kind als bedrohlich erlebt wird. Dabei ist die Erinnerung wichtiger als die faktische Realität, da die als traumatisch erlebten sexuellen Fantasien (Verführungsfantasien) ebenfalls zu neurotischen Fehlentwicklungen führen können. Es kommt zur Fixierung an das Trauma. In ihren Träumen wiederholen die Patienten, in symbolisch veränderter Form, ständig die traumatisch erlebte Situation. Durch ein weiteres, aktuelles Trauma im Leben wird die Neurose dann ausgelöst.

Auch im »Dritten Reich« stand die Trennung des Kindes von seiner Mutter an erster Stelle. Allerdings aus ganz anderen Gründen. Die Säuglingspflege der dreißiger Jahre hatte zum Ziel, aus dem Baby einen zukünftigen deutschen Soldaten zu machen, der treu seinem Vaterland dient. Eine liebevolle Mutter-Kind-Beziehung wurde als störend angesehen. Physische und emotionale Distanz als bestimmende Beziehungsprinzipien. Das Kind war Teil einer größeren Familie: des deutschen Volkes.

Das Co-Sleeping war zu dieser Zeit eine Utopie. Schon gleich nach der Geburt wurde der Mutter das Kind genommen. Sobald die Nabelschnur durchschnitten war, durfte die Mutter nur kurz ihr Baby anschauen. Während des gesamten Krankenhausaufenthalts blieb der Säugling in einem anderen Raum und wurde nur zum Stillen zu seiner Mutter gebracht. Durch diese Trennung wollte man vermeiden, dass sich die Mutter »unnötige Sorgen« machte. Auch zu Hause blieb das Baby allein. Ein Übermaß an Liebe war verboten. Man stillte das Baby, wickelte es, aber ansonsten sollte die Mutter das Kind in Ruhe lassen. Sie durfte weder mit ihm spielen, noch es sonst irgendwie stimulieren. Sogar sein Schreien war kein Grund, diese »goldenen« Regeln zu brechen. Man war der Ansicht, dass ein Baby aus Gewohnheit schrie oder einfach zum Zeitvertreib.

»Versagt der Schnuller, liebe Mutter, werde hart! Fange nur ja nicht an, das Kind aus dem Bett herauszunehmen, es zu tragen, zu wiegen, zu fahren oder es auf dem Schoß zu halten, es gar zu stillen. Das Kind wird nach Möglichkeit an einen stillen Ort abgeschoben, wo es allein bleibt, und erst zur nächsten Mahlzeit wieder hervorgenommen.« Auch in der Nacht lautete der Grundsatz »Schreien lassen!«. Eltern sollten keinesfalls nachgeben. Das Buch »Die deutsche Mutter und ihr erstes Kind« von Johanna Haarer, aus dem diese Ratschläge stammen, verkaufte sich bis Kriegsende 690 000 Mal. Die provozierte Entfremdung des Säuglings, ergänzt durch körperliche und seelische Isolation, war Ziel der nationalsozialistischen Pädagogik. »Wir brauchen Kämpfer, keine Muttersöhnchen«. (in: Dill, 1999).

Diese Einstellung, die damals die Eltern geprägt hat, kursiert auch noch zu unserer Zeit als Ammenmärchen. Heute noch soll aus dem Kind ein »Kämpfer« werden. Stark und widerstandsfähig. Sein Krieg ist aber nicht mehr die Eroberung anderer Länder und Kontinente, sondern es zieht in eine persönliche Schlacht um den beruflichen und sozialen Aufstieg. Und dieser Kampf kann sehr einsam sein.

Stark und selbstbewusst wird ein Mensch aber nicht durch das Ignorieren seiner emotionalen Bedürfnisse. Er wird dadurch nur geschwächt. Denn wenn ein Mensch während seiner Kindheit nicht die Erfahrung einer gesunden Bindung gemacht hat, fehlt ihm das solide Fundament für zukünftige gute Beziehungen zu seinen Mitmenschen.

Wiegen, Halten, Tragen, Singen etc. sind Erfahrungen des Bondings, das heißt des Prozesses, eine emotionale Bindung zum anderen einzugehen. Dieses Sich-Einlassen bedeutet Liebe und Sicherheit für das Kind und damit das Nicht-vorhanden-Sein von Angst und Furcht. Falls diese Bindung in der Frühphase des Lebens nicht erlebt wird, kann für das neugeborene Kind die Beziehung zu sich selbst und zu anderen zerbrechlich und unsicher sein. Daher ist es überaus wichtig, dass die Bedürfnisse nach Liebe, Wärme und Zuwendung von der ersten Lebenssekunde des Kindes an so

Jede unnötige Beachtung des Kindes sollte vermieden werden. »Mutterliebe und Zärtlichkeit« seien beim Stillen »fehl am Platze«. (J.Haarer, 1936)

gut es geht erfüllt werden. Nur dann wird es wirklich stark und sicher. Das sind Voraussetzungen für einen ausgeglichenen Menschen, der selbstbewusst seinen Weg bestreiten kann.

Johanna Haarer und andere Kinderexperten der dreißiger Jahre haben die deutschen Frauen sogar noch in der Nachkriegszeit stark beeinflusst. Wahrscheinlich, weil Ärzte nicht beschuldigt wurden, eine nationalsozialistische Säuglingspflege praktiziert zu haben. Übrigens basieren viele Ratgeber aus den dreißiger Jahren auf Praktiken, die schon vor den Nazis existierten. Diese Praktiken wurden nur den Absichten des Regimes angepasst.

Die Großmütter der heutigen Mütter sind zum großen Teil noch nach den Prinzipien dieser Pädagogik erzogen worden. Sie haben das Alleinsein und die emotionale Trennung von der Mutter am eigenen Leib erlebt. Dies könnte vielleicht das ewige Kopfschütteln der älteren Generationen erklären, wenn sie zusehen müssen, wie junge Mütter ihre kleinen Kinder angeblich »verhätscheln«.

Die Distanz zum Kind ist noch heute aktuell. Die dahinter steckende Ideologie ist natürlich eine ganz andere. Im »Dritten Reich« wollte man die Mutter durch das Vaterland ersetzen, um das Kind dem Nationalsozialismus gefügig zu machen. Heutzutage soll das Kind durch die Distanz zur Mutter so früh wie möglich selbstständig werden, um sein späteres Leben erfolgreich meistern zu können. »Das Kind muss lernen, sich so früh wie möglich trennen zu können«, scheint die Devise der aktuellen Kindererziehung zu sein, die sogar die Säuglingspflege prägt. Schließlich ist unser ganzes Leben voll von Trennungen: vom Kindergarten, von der Schule, von Freunden und Liebesbeziehungen, von seinen Eltern etc. Nicht zusammen mit anderen, sondern allein muss sich der Mensch durchs Leben kämpfen. Individualismus, Unabhängigkeit und Autonomie sind vor allem Schlüsselwörter der westlichen Gesellschaft.

Sicher, Deutschland hat die nationalsozialistische Säuglingspflege gekannt, aber andere europäische Länder wie Holland, die Schweiz oder England, die nicht unter diesem Einfluss standen, sind ebenfalls der Überzeugung, dass die Nähe zum Kind nur zu einer schlechten Angewohnheit wird. Die Distanz zum Kind ist also kein deutsches Phänomen. Wie wir eben gesehen haben, existiert sie in Europa schon seit Jahrhunderten. Nur die Gründe dieser Distanz sind von Epoche zu Epoche verschieden. Selten kümmerte man sich wirklich um die psychische und physische Gesundheit des Kindes.

Doch zu Beginn des 21. Jahrhunderts scheint sich ein Wandel in der Säuglingspflege zu vollziehen. Durch Zeitschriften, Bücher, Fernsehsendungen, Radiosendungen und auch das Internet können Eltern sich über andere Möglichkeiten der Säuglingspflege informieren. Immer mehr Eltern schauen sich das Schlafarrangement bei den Asiaten ab und lassen ihr

Baby bei sich im Zimmer schlafen. Den Eltern werden Kurse angeboten, wo sie indische Babymassagen erlernen können. Vielleicht wird versucht, gegen das Tabu des Berührens anzukämpfen. Gleichzeitig werden Eltern sich der Grenzen der aktuellen Säuglingspflege bewusst, wenn Probleme auftauchen. Die kulturelle Öffnung nach außen und die Engpässe, in denen sich Eltern manchmal mit ihren Kindern befinden, erlauben ihnen, das Distanzverhalten in Frage zu stellen. Tradition und Modernität beginnen sich zu vermischen. Wir denken, zum Wohle des Kindes.

Abends ins Bett gehen und sich nach einem langen, anstrengenden Tag ausruhen, darauf freuen sich wohl die meisten von uns. Aber die wenigsten werden sich einfach hinlegen und sofort einschlafen. Wir sind noch zu aufgewühlt von den Ereignissen des Tages. Unsere Gedanken lassen uns nicht los, auch nicht unsere Sorgen und Ängste.

Das Einschlafen

Das Schlafritual

Jeder hat seine eigenen Tricks, um sich zu beruhigen und in den Schlaf zu finden. Manche lesen ein paar Seiten, andere schauen Fernsehen. Sehr beliebt sind auch Hörspiele. Ja, auch bei Erwachsenen. Genauso wie Sie selbst erst einmal abschalten müssen, so braucht auch Ihr Kind Zeit, die Geschehnisse des Tages zu verarbeiten. Und das »Schlimmste« steht ihm ja noch bevor: die Trennung von seinen Eltern und das Alleinsein in der Dunkelheit. Es kann sich dabei schnell einsam und verlassen fühlen. Nach einem Moment der Verwirrtheit, beginnt das Kind zu realisieren, dass es allein ist. Unsicher und ängstlich liegt es in seinem Bettchen und beginnt zu schreien. Wird sein Schreien von den Eltern ignoriert, kommt es beim Kind zu starken Angstgefühlen, die sich ihm einprägen werden und in vielen Fällen sein ganzes Leben begleiten werden.

Um dem Kind den Moment der Trennung von seinen Eltern zu erleichtern, raten Kinderärzte seit einigen Jahren zu einem Schlafritual. Auf die Idee sind 46 Prozent der deutschen Eltern bereits durch Lektüre gekommen und mehr als die Hälfte hatten selbst die Idee, ein Schlafritual einzuführen. Von den Großeltern bekommen die Eltern kaum solche Tipps. Das bedeutet, dass diese Rituale nur in den seltensten Fällen überliefert wurden. Sie gehören anscheinend nicht zu unserem kulturellen Erbe. Heutzutage halten 91 Prozent der deutschen Eltern Schlafrituale für notwendig.

Noch eine Geschichte und dann husch ins Bett.
Schlafrituale lassen den Tag langsam und ruhig ausklingen.

Rituale haben eine beschützende Funktion. Sie sorgen dafür, dass ein Mensch sicher von einem Zustand in einen anderen gelangt, denn er könnte beim Übergang Gefahren ausgesetzt sein. Die alten Schamanen wissen das schon seit langem. Wie oft sagt man, »Komm gut durch die Nacht«. Sind wir oder das eigene Kind denn in der Nacht durch irgendetwas gefährdet? Der plötzliche Kindstod ist nur ein Beispiel oder die Befürchtung des Kindes, dass seine Eltern am nächsten Morgen nicht mehr da sind, dass man sie verlieren kann.

Das Schlafritual hilft dem Kind, sicher in einen Zustand der Einsamkeit – den Schlaf – zu gelangen. Die Zeit, die seine Eltern mit ihm verbringen und alles was sie während des Rituals tun, bereiten es auf diesen Übergang vor. Währenddessen sollten sie sich durch nichts unterbrechen lassen. Ein Schlafritual funktioniert auch nur, wenn die Eltern dabei sind. Eine Spieluhr oder eine Hörspielkassette kann sie nicht ersetzen. Immer wieder können wir nur betonen, wie wichtig die liebevolle und zärtliche Zuwendung der Eltern in diesem Moment ist.

Stellen Sie sich vor, ein afrikanischer Zauberer würde einfach während einer feierlichen Zeremonie eine Hörkassette einlegen und still neben der Stereoanlage hocken oder gar hinausgehen. Die Zauberformeln dröhnen kalt durch die Lautsprecherboxen und die ganze Magie des Rituals wäre verloren. Möchten Sie, dass Ihr Kind mit Musik einschläft? Dann singen Sie ihm doch Wiegenlieder vor! Egal, ob Sie das gut oder schlecht können. Ihr Kind sitzt nicht in der Jury einer Casting-Show. Es wird Ihnen mit seinem Lächeln Beifall spenden. Auch die bei uns beliebten Kindersendungen, wie *Das Sandmännchen*, sollten nur den Beginn des Übergangs vom Wachsein zum Schlaf symbolisieren. In keinem Fall sollten Fernsehbilder ein liebevolles Schlafritual ersetzen.

Einschlafrituale am Abend vermitteln dem Kind durch die Regelmäßigkeit in ihrem Ablauf Sicherheit und Vertrauen. »Alles ist so wie immer.« Sie können Ihrem Kind also helfen, langsam und ohne Angst einzuschlafen.

Auch das Sprechen über den abgelaufenen Tag ist ein schönes und sinnvolles Ritual, um für die älteren Kinder eine Situation zu entschärfen und ihnen ihre Ängste zu nehmen. »Durch dieses Ritual weiß mein Sohn, dass er jetzt schlafen muss. Das Ritual beruhigt ihn, weil er weiß, was jetzt kommt«, sagt Peter, 27. Für manche Eltern ist es aber auch ein Weg, um Ärger zur Schlafenszeit zu vermeiden. »Meine Tochter weiß, dass jetzt nicht mehr gespielt wird«, erklärt Kathrin, 30. »Sie weiß, was sie jetzt tun muss und es gibt kein Heulen.«

Vater und Mutter sollten gerade beim älteren Kind ehrlich sein und ihm klar machen, dass es nun schlafen soll und sie den Abend für sich brauchen.

Ein Schlafritual sollte immer im Kinderzimmer durchgeführt werden. Am besten im Kinderbett. Dort, wo sich alles befindet, was dem Kind gehört und ihm wichtig ist: seine Plüschtiere beziehungsweise sein Schlafhelfer. Diese Gegenstände repräsentieren indirekt die Identität des Kindes und geben ihm Sicherheit, wenn die Eltern sein Zimmer verlassen haben.

Das Schlafritual sollte nicht länger als 30 Minuten dauern und ein klares Ende haben. Doch bei 26 Prozent der deutschen Eltern dauert das Ritual weniger als fünf Minuten. Manchmal nur eine Minute. Bei bestimmten Kindern mag das genügen, aber meistens ist es schwer, ein Kind unter diesen Bedingungen zu beruhigen.

Verläuft dieser Übergang zu schnell, kann das Kind das Einschlafen sogar als Strafe empfinden. Dies hat zur Folge, dass das Kind ungern einschlafen wird und möglicherweise auch später als Erwachsener dieselben Schwierigkeiten hat.

Das Ins-Bett-Gehen sollte übrigens niemals als Strafe angedroht und angewendet werden.

Hanna, 28, drückt es sehr passend aus, »Kinder haben ein anderes Zeitempfinden als Erwachsene. Eben toben sie noch, jetzt sollen sie schlafen. Schlafrituale helfen den Tag zu beenden, da sie dem Kind Orientierung geben. Es weiß, was nun kommt und kann sich innerlich auf Schlafen einstellen. Schlafrituale dürfen daher meiner Meinung nach nicht zu kurz sein.«

Seine Eltern werden dem Kind aus einem ihm unverständlichen Grund weggenommen, und es fühlt sich abgeschoben. Eltern, denen das in der eigenen Kindheit widerfahren ist, können dieses Gefühl des Verlassenwerdens bestätigen. »Meine Eltern haben mich schreien und heulen lassen«, »ausziehen, waschen, ins Bett und Licht aus«, »ich habe keine Erinnerungen daran, wie man mich ins Bett gebracht hat. Zumindest keine positiven«. Aussagen von Eltern, die einen gewissen Schmerz und auch Einsamkeit offenbaren. Und vielleicht auch Sehnsucht nach Geborgenheit, die ihnen in der eigenen Kindheit gefehlt hat. Wenn die Eltern sich dies bewusst gemacht haben, werden sie ihre eigenen Kinder wohl eher liebevoll ins Bett bringen. Bleibt die eigene negative Kindheitserfahrung verborgen, wird sie in vielen Fällen gleichwertig an das eigene Kind weitergegeben werden.

Schlafrituale sollten immer individuell gestaltet sein. Was gut für ein bestimmtes Kind ist, muss noch lange nicht gut für ein anderes sein. Jedes hat seine Vorlieben und individuellen Bedürfnisse. Finden Sie mit Ihrem Kind zusammen heraus, welches Ritual beruhigend wirkt. Seien Sie auch nicht gleich frustriert, wenn Ihnen Ihr Kind zum Beispiel beim Vorlesen nicht an den Lippen hängt. »Da macht man alles für ihn (den zweijährigen Sohn) und er kaspert rum!«, beklagt sich Renate, 32. Eltern haben manchmal eine Art Belohnung nötig. Hört ihnen das Kind brav zu, empfinden sie sich als gute Eltern. Aber auch wenn ein Kind nicht still wie in der Schule auf seinem Platz sitzen bleibt, hört es der Geschichte zu. Jedes Wort. Und es ist dankbar für die Zeit, die Mama oder Papa mit ihm verbringen. Lassen Sie Ihr Kind auch aktiv beim Schlafritual mitmachen. Zeigen Sie ihm zum Beispiel die Bilder der Geschichte. Dies erhöht die Wirksamkeit des Rituals. In Deutschland ist übrigens das Abendgebet in vielen Familien ein fester Bestandteil des Rituals. »Das Gebet ist für die Seele, das Wiegenlied für die Ohren und das Schlummertuch für die Nase«, sagt eine Mutter. Die liebevolle Anwesenheit von Mutter oder Vater ist für das ganze Leben wichtig, sagen wir.

Das Schlafritual entwickelt sich je nach Alter des Kindes. Kleine Babys sagen den Kuscheltieren »Gute Nacht«, man singt ein Wiegenlied. Nach und nach kommt dann eine Gute-Nacht-Geschichte hinzu.

Jedes noch so kleine Detail bekommt seine Bedeutung während des Schlafrituals. Ein Baby, das zum Beispiel kurz vorm Einschlafen gestillt werden möchte oder ein Kind, das ein Glas Wasser will – die Erfüllung der Wünsche symbolisiert, dass die Eltern für das Kleine da sind und sich um es kümmern. Ihrem Kind geht es meistens dabei nicht um das Getränk, sondern einzig um die Fürsorge der Eltern. Manchmal wird ein Glas Milch auch benutzt, um den Moment der Trennung hinauszuzögern. »Nur noch was zu trinken, Mama!« Jeder Vorwand ist gut, um Sie bei sich zu behalten. Trinken ist hier nicht die Befriedigung von Durst. Die sozialen Bedürfnisse werden gestillt. Wenn man dann dem Kind sein Glas bringt, könnte man es noch mal umarmen und ihm etwas Liebes sagen.

»Gute Nacht, *Lara*!«. Der Vorname eines Kindes steht auch für seine Identität. Einerseits signalisiert er, mit wem man spricht. Andererseits wird dadurch ein Gespräch viel persönlicher, wärmer und die Bindung an den anderen ist stärker. Dies ist besonders wichtig vorm Einschlafen, denn Eltern und Kind müssen sich trennen. Sie müssen in diesem Moment das Gefühl bekommen, dass ihre Beziehung nicht durch den Schlaf beendet wird. Wenn Sie Ihr Kind mit seinem Vornamen ansprechen, fühlt sich Ihr Kind wichtig in Ihren Augen und seine Identität existiert weiter, selbst wenn das Ritual schon längst aufgehört hat.

Auch liebevolle Kosenamen, wie »mein Engel« oder »mein kleiner Schatz« führen zu einer engeren Beziehung zwischen Eltern und Kind. Das Kind weiß, dass Kosenamen nur in ganz bestimmten Momenten ausgesprochen werden. In diesem Fall, wenn die Eltern ihrem Kind zeigen wollen, wie sehr sie es lieben. Dem Kind werden positive Gefühle vermittelt und es fühlt sich sicher. So kann es die Trennung besser verarbeiten.

Ein Gute-Nacht-Kuss ist ebenfalls wichtig. Er symbolisiert, wie auch der Kosename, all die Liebe, die Sie für Ihr Kind empfinden. Und diese Liebe gibt Ihnen Ihr Kind wieder, wenn es Sie zurückküsst. Liebe geben und erhalten – dieser Austausch von Emotionen erhöht das Gefühl, geliebt zu werden. Und Ihr

Kind weiß, dass Sie sich um es kümmern werden, wenn es Sie braucht. Aber wie oft küsst man sein Kind flüchtig zur »Guten Nacht«, weil man mit seinen Gedanken schon woanders ist? In diesem Fall ist der Kuss leer und ohne Liebe. Damit erreichen die Eltern das genaue Gegenteil. Ihr Kind fühlt sich nicht geliebt und allein gelassen. Denn ein Kuss und wie man sein Kind berührt, dient der gegenseitigen Identifizierung. Das Gegenüber empfindet, was der andere fühlt. Im Moment der Trennung wird dadurch erreicht, dass das Bild des anderen innerlich weiter existiert. Die Trennung symbolisiert also nicht mehr den Verlust des anderen.

In Deutschland beruht das Schlafritual meistens auf einer gewissen körperlichen Distanz zwischen den Eltern und dem Baby. Der Kontakt zum Kind wird vorwiegend über die Stimme beim Reden oder Singen der Eltern hergestellt. Nur ab und zu berühren sich die Körper von Eltern und Kind. Doch gerade diese Kontakte vermitteln dem Kind das Gefühl von Sicherheit.

Das Einschlafritual von Aaron, zehn Monate

»So, jetzt werden wir dich noch etwas müde machen, damit du nachher besser schläfst«, sagt Juli, 34, zu ihrem kleinen Sohn. Jeden Abend beginnt das Schlafritual mit einem Spiel, bei dem Aaron auf einen großen Würfel zurobben muss, der etwa zwei Meter vor ihm auf dem Boden liegt. Kissen dienen als Hürden. Das macht das Spiel interessanter, aber auch anstrengender. Aaron ist glücklich und quietscht vergnügt. Juli ermuntert ihn. »Noch ein Stückchen. Gleich hast du es

geschafft!« Hat er den Würfel erreicht, stellt Juli ihn wieder zwei Meter vor Aaron hin. Auf diese Weise verläuft der »Hürdenlauf« durch das ganze Wohnzimmer. Mutter und Kind schauen sich immer wieder an und lächeln sich zu.

Dann kommt Oliver, 34, herein und tauscht den Würfel gegen einen Ball aus. Aaron erreicht den Ball und spielt damit. Oliver nimmt Aaron bei den Händen und fordert ihn auf, in den Ball zu treten. Juli steht daneben und lobt ihren Sohn. »Toll machst du das! Super! Nochmal feste!«.

Seit Beginn des Schlafrituals basiert die Eltern-Kind-Interaktion auf der Stimme der Eltern, auf Blicken und Gegenständen, die Eltern und Kind zusammenführen sollen. Das Ritual ist warmherzig und alle drei Teilnehmer sind involviert. Doch nur ein einziges Mal berühren sich Vater und Kind, als Oliver den Kleinen an die Hand nimmt.

Doch das Ritual ist noch lange nicht zu Ende. Aaron sitzt nun in einem kleinen Sportwagen aus Plastik. Der Vater sitzt vor ihm. Wieder verhindert ein Gegenstand jeglichen Körperkontakt zwischen Eltern und Kind. Aaron verliert schnell das Interesse an dem Wagen, und Oliver spürt es. Er legt sich auf den Boden und hält mit ausgestreckten Armen Aaron über sich in der Luft. Dann »schwebt« Aaron auf seinen Vater zu, der dabei wie ein Schweinchen grunzt und so tut, als wolle er seinem Sohn in den Hals beißen. Aaron quietscht vor Vergnügen und Angst. Wieder streckt Oliver seine Arme und senkt sie wieder. Erneut lacht Aaron. Die beiden schauen sich die ganze Zeit über in die Augen. Dann will Aaron auf Mamas Schultern krabbeln, und sie hilft ihm dabei.

In den Momenten, wo körperliche Kontakte überwiegen, scheint Aaron am meisten Spaß zu haben. Und die Eltern auch.

Etwas später, nachdem Aaron gewickelt und für die Nacht umgezogen worden ist, beginnt der ruhige Teil. Mutter und Sohn schauen sich Bilderbücher an. Dabei sitzen beide auf dem Boden, Aaron zwischen den Beinen seiner Mutter. Er blättert die Seiten um, zeigt auf Bilder, während seine Mutter ruhig vorliest.

Während des ganzen Schlafrituals haben beide Eltern Spannungen und Konflikte vermieden. Sie zeigen ihrem Kind ihre Zuwendung und kündigen immer die verschiedenen Phasen des Rituals an. Ihr Kind weiß immer, was als nächstes kommen wird. Das Ritual endet, nachdem Oliver seinem Sohn die Flasche gegeben hat. Dabei lag der Kleine in seinen Armen. Aarons Kopf ruhte aber auf einem Kissen. Bestimmt, damit Aaron es bequemer hat. Wieder entsteht eine gewisse Distanz durch einen Gegenstand zwischen dem Körper des Vaters und seinem Kind.

Aaron wird schließlich in sein Bettchen im eigenen Zimmer gelegt und versucht allein einzuschlafen. Die Eltern verlassen sein Zimmer und machen das Licht aus. Auch die Tür wird geschlossen. Das Babyphon ist eingeschaltet. Aaron wird einschlafen. Doch es dauert einige Zeit. Selbst durchs Babyphon kann man hören, wie er sich in seinem Bett hin- und herwälzt. Nicht selten finden Eltern ihr Kind völlig verkehrt herum im Bettchen liegen. Es ist, als ob es seinen Schlaf in allen vier Ecken gesucht hat.

Aarons Schlafritual ist typisch für die westliche Welt. Wiegen, streicheln, tragen, sich neben das Kind legen finden erst seit den letzten Jahren ihren Weg in deutsche Kinderzimmer. Das Verhalten der Eltern ändert sich erst, wenn das Kind nicht einschlafen kann. Dann wird die »distale« Gestik durch die »proximale« Gestik ersetzt. »Ich singe und wiege mein Baby, wenn es nicht schlafen will«, »ich streichle mein Baby«.

Leider erst durch Einschlafschwierigkeiten gewährt die Mutter körperliche Nähe zwischen sich und dem Kind. Ein Elternpaar drückt es dennoch sehr gut aus: »Die Nähe stellt einen harmonischeren Übergang zum Einschlafen dar.« Aber diese körperliche Nähe scheint bei vielen Eltern im »Erste-Hilfe-Koffer« verstaut zu sein, der nur in Notsituationen aufgemacht wird. Wir können es nur wiederholen: Es ist die körperliche Nähe, die dem Kind das Gefühl von Sicherheit vermittelt. Nur 26 Prozent der Eltern wiegen ihr Kind während des Schlafrituals. Im Gegensatz zu 52 Prozent der Eltern, die mit ihrem Kind reden. Natürlich ist das Reden wichtig. Aber warum nicht das Kind wiegen und dabei mit ihm sprechen? Man kann sich neben sein Kind legen, es streicheln, während man leise etwas zu ihm sagt. Kombinieren Sie einfach! Lesen Sie eine Geschichte vor und setzen Sie sich zu Ihrem Kind ins Bett. Sofort wird Ihr Kind sich an Sie schmiegen und Ihre Nähe suchen. Ein schönes Gefühl, auch für die Eltern.

Die französischen Kinderärzte Challamel und Thirion glauben, dass es wichtig ist, dass ein Kind beim Einschlafen bestimmte Elemente seines embryonalen Lebens wiederfindet: ein runder Rücken, gestreckter Kopf, Wärme, das Herzklopfen der Mutter an seinem Ohr, mütterliche Gerüche, langsame wiegende Bewegungen. In anderen Ländern, wie in Portugal,

Mutter und Kind sind eins. Hautnah erfährt das Kleine Liebe, Geborgenheit und Zärtlichkeit.

wird das »proximale« Schlafritual schon seit Generationen praktiziert. Die Mutter singt ihr Baby in ihren Armen in den Schlaf. In Marokko schlafen die Babys beim Stillen an der Brust ein. Folgende Szene verdeutlicht, wie beruhigend die mütterliche Nähe auf den Säugling einwirkt:

»Einige Minuten lang saugt der Säugling an der Brust seiner Mutter, dabei schaut er fortwährend in ihre Augen. Er konzentriert sich auf seine Suche nach Milch und auf den Wunsch, seinen Hunger zu stillen. Ab und zu schließen sich kurz seine Augen, seine Lippenbewegungen verlangsamen sich, er macht kleine Pausen, trinkt weniger Milch. Seine Mutter spricht sanft, ermutigt ihn weiterzusaugen. Er schaut sie wieder an, saugt schneller und macht dabei vergnügte Geräusche. Er bewegt sich in ihren Armen, stemmt sich gegen sie, streckt sich, sucht nach ihrem Blick, dann kuschelt er sich wieder an sie, sinkt in sich zusammen und wird schwerer. Seine Lider fallen zu, der Mund wird ruhig, leicht berühren seine Lippen die Brust. Der Säugling schläft langsam ein.«

Nehmen Sie sich ruhig Zeit, diesen zärtlichen Augenblick gemeinsam mit Ihrem Kind zu verbringen. Das ist nicht nur für Ihr Kind schön, sondern auch für Sie selbst.

Schlafrituale sind ein Austausch von Liebe, der Ihrem Kind für immer in Erinnerung bleiben wird, so wie bei Simone, 26, die erzählt: »Mit meiner großen Schwester und meiner Mutter haben wir abends immer gesungen. Mama las uns Geschichten vor. Manchmal war's auch der Opa. Das war wirklich wunderschön.«

Musikalische Babys

Musik erlaubt es uns, in Kontakt mit anderen zu treten. Dieses Interesse am Mitmenschen ist bei uns allen biologisch bestimmt. Von Geburt an reagiert der Säugling auf soziale Stimulationen, wie zum Beispiel das menschliche Gesicht oder die menschliche Stimme und ganz besonders, wenn diese Stimuli positive Emotionen ausstrahlen. Ab dem fünften Monat können Babys glückliche von traurigen Vokalisierungen unterscheiden. Die Gesichtsmimik seines Gegenübers hilft ihm bei dieser Differenzierung. Zum Beispiel, wenn Sie liebevoll zu Ihrem Kind sprechen und dabei lächeln. Ihr Gesicht bereitet in gewisser Weise die emotionale Information Ihrer Worte vor. Das passiert meistens von ganz allein. Wenn wir sprechen, schalten sich unsere Halsmuskeln und der Mund ein. Die gleichen Muskeln sind unter Kontrolle des automatischen Nervensystems, das unsere programmierten emotionalen Reaktionen produziert. Ein Beispiel: Im Deutschen existieren die Endungen »lein« und »chen«, um Sachen zu verniedlichen. Eine »Blume« wird ein »Blümlein« oder ein »Buch« zu einem »Büchlein«. Es ist extrem schwierig, »lein« mit einem ernsten Gesicht auszusprechen. Automatisch beginnen wir zu lächeln. Sein Kind berühren, es wiegen, es anlächeln, mit ihm lachen, sprechen, aber auch singen gehören zur Eltern-Kind-Kommunikation. Damit zeigen Eltern ihrem Kind ihr emotionales Engagement. Dass sich ein Säugling für Musik interessiert, könnte von seinem sozialen Wesen herrühren. Denn durch Musik werden nicht nur Informationen mitgeteilt. Musik kommuniziert vielmehr auf einer Ebene von Emotionen und Erfahrungen und reguliert soziales Verhalten. Das zeigt auch die Bedeutung von musiktherapeutischen Maßnahmen, die zunehmend in der Psychologie zur Behandlung von seelischen Störungen eingesetzt werden.

Im Umgang zwischen Mutter und Kind lassen sich unsere sozialen und musikalischen Anfänge erkennen. Das Interesse des Kleinkindes für die Sprache ist beträchtlich, besonders wenn die Mutter zu ihm spricht. Kein Wunder! Der Fötus erkennt schon ab der 24. Woche die Stimme seiner Mutter und lernt Klang und Rhythmus ihrer Stimme kennen. Übrigens reagiert das Baby gleich nach der Geburt auf die Mutterstimme, als wäre sie ihm vertraut. Auf andere Frauenstimmen achtet der Säugling noch nicht. So findet das Neugeborene sofort die wohlbekannten und beruhigenden Klänge wieder, die ihn in seinem embryonalen Leben monatelang begleitet haben. Das bedeutet auch, dass der Fötus nicht nur Töne im Mutterleib hören kann, sondern sich an sie erinnert und später sogar einen Bezug zwischen ihnen und der Person, von der sie stammen, herstellt. Sprechen Sie also viel und liebevoll zu Ihrem ungeborenen Kind. Die Eltern-Kind-Beziehung fängt nicht erst bei der Geburt an.

Auf der ganzen Welt sprechen Mütter zu ihren Babys, obwohl sie glauben, von den Kleinen nicht unbedingt verstanden zu werden. Dabei benutzen sie sehr oft melodische Töne. Gerade das Musikalische unserer Sprache scheint diese so attraktiv für das Baby zu machen. Eltern und Kind kommunizieren von Anfang an miteinander. Das Lallen des Babys wird zum Beispiel von seiner Mutter imitiert, nur ist ihre gelallte Antwort viel intensiver. Solange das Baby also noch nicht sprechen kann, kommunizieren sie musikalisch miteinander. Dadurch tauschen sie gegenseitig ihre Emotionen aus.

Emotionen werden durch die Stimme und besonders durch die Stimmlage übertragen. Wenn Eltern ihrem Kind ein Lied vorsingen, so singen sie instinktiv viel höher und emotionaler (bis zu einer ganzen Oktave). Auch wenn Eltern mit ihrem Kind sprechen, heben sie die Stimme an (bis zu drei Halbtöne), sprechen langsamer und wiederholen öfter die gleichen Worte. Eine höhere Stimmlage wird in allen Kulturen mit Liebe, Zuneigung und Glücklichsein assoziiert. Eine tiefe Stimmlage bedeutet Aggressivität.

Normalerweise verbringen Mütter mehr Zeit mit ihren Kindern als die Väter. Die westliche Kultur misst der Vaterrolle in Bezug auf die Säuglingspflege leider wenig Bedeutung bei. Mütter singen deshalb viel häufiger ihren Kindern Lieder vor als Väter. Es ist umso erstaunlicher, dass auch Väter ihren Gesang dem Baby anpassen. Allerdings singen sie etwas sanfter, wenn sie eine Tochter haben. Dabei spielt hauptsächlich die Haltung gegenüber dem Geschlecht des Kindes eine Rolle. Mit einem Mädchen ist man eben etwas zärtlicher ... Letztlich wurde sogar bewiesen, dass Kinder viel aufmerksamer zuhören, wenn der Vater singt. Vielleicht, weil er ihnen nicht so oft vorsingt und die Kinder sich eben für alles Neue etwas mehr interessieren. Möglicherweise ist der väterliche Gesang auch unkonventioneller.

Wiegenlieder – Ein Moment der Liebe

Die Liebe zur Musik ist kein modernes Phänomen in Deutschland. Musizieren gehört seit Jahrhunderten zu unserer Kultur. Doch im Fall der Wiegenlieder findet das Fortleben dieser Tradition auch im Verhalten des Babys seinen Ursprung. »Meine Tochter lächelt mich dann so süß an«, sagt Miriam, 28.

Ein Baby ist keinesfalls nur ein passiver Zuhörer. Es reagiert auf die positiven Emotionen, die es von seinen Eltern erhält. Es schaut die Mutter aufmerksam an, lächelt und will manchmal sogar »mitsingen«. Das heißt, es gibt Töne von sich, als wolle es den mütterlichen Gesang begleiten. Und dieser Liebesbeweis des Kindes motiviert die Mutter zum Weitersingen.

Wiegenlieder bewirken einen Moment der Harmonie zwischen Eltern und Kind. Durch das Verhalten des Kindes sieht die Mutter oder der Vater, dass es diesen Moment genießt. Das gibt den Eltern auch Vertrauen und Sicherheit, dass sie ihrem Kind etwas Gutes tun und dass sie selbst gute Eltern sind. Es ist ein Austausch von Liebe zwischen Eltern und ihrem Baby. Durch den Gesang kommen sich Eltern und Kind näher. Marie, 32, hat es mit sehr schönen Worten ausgedrückt: »Wenn ich singe, dann umarme ich mein Kind mit meiner Stimme.« Dieser Augenblick wiederholt sich jedes Mal, wenn Sie Ihrem Kind ein Lied vorsingen.

Regina, 42, und ihr 13 Monate alter Sohn: »Thimo wird zunächst umgezogen, dann bekommt er seine Flasche. Anschließend werden seine Zähne geputzt. Dann lege ich ihn in sein Kinderbett. Ich selbst strecke mich in meinem angrenzenden Bett aus, umarme ihn und singe sein Schlaflied.«

Viele Eltern haben uns erzählt, wie ruhig ihr Kind wird, wenn sie ihm etwas vorsingen. Wiegenlieder helfen dem Baby, sich auf sich selbst zu konzentrieren. Immer dieselben Lieder zu singen erhöht ihren beruhigenden Effekt. Das Kind kennt die Texte mehr oder weniger auswendig. Die Wiederholung ist wohl das grundlegende Element der Wiegenlieder. Rhythmus, Refrain, Textpassagen kehren immer wieder zurück. Diese Repetition symbolisiert die Wiederkehr einer geliebten Person. Das Wiegenlied hilft somit dem Kind, symbolisch das Zurückkommen und damit die Vereinigung mit seinen Eltern vorauszuahnen. Besonders der Refrain trägt dazu bei.

Das Wiegenlied dient sozusagen als eine Art Hintergrundmelodie, um zu sich selbst zu finden. Und das ist notwendig, um sich langsam von seinen Eltern trennen zu können. Schon der Bindungsforscher D. W. Winnicott schrieb 1958, dass das Alleinsein in Gegenwart des anderen erlernt wird.

Wenn Eltern ein Wiegenlied singen, können sie verschiedene Haltungen annehmen, die sich durch die körperliche Nähe zum Kind charakterisieren sollten. Halten Sie Ihr Kind in Ihren Armen, auf dem Schoß, vertikal an Ihrem Oberkörper, seinen Kopf auf Ihrer Schulter oder tragen Sie es auf dem Rücken wie in Asien. All die Liebe für Ihr Kind kommt in diesem Moment zum Ausdruck und es kann erkennen, was Sie fühlen. Durch Stimme und Haltung der Mutter entsteht eine Art körperliche und sonorische Hülle, in der das Kind Ruhe und ein Gefühl von Sicherheit findet. Notwendige Voraussetzungen, um einschlafen zu können.

Liegt das Kind einfach in seiner Wiege und die Mutter steht singend daneben, dann findet diese Mutter-Kind-Vereinigung ohne jeglichen Körperkontakt statt. Wenn sie sich zu ihm herüberbeugt, wird ihr Körper eine beschützende und umarmende Haltung annehmen. Dennoch kann hauptsächlich nur ihre Stimme die Distanz zum Kind überbrücken und es beruhigen.

Wiegenlieder können auch bei der physischen und psychischen Entwicklung des Babys eine große Rolle spielen. In einem Experiment wurde zu früh geborenen Säuglingen (weniger als 32 Wochen alt) das Wiegenlied von Brahms vorgespielt. Die Babys hörten zweimal die Woche 15 bis 30 Minuten lang dieses Lied. Alle Säuglinge nahmen in dieser Zeit viel mehr an Gewicht zu als gleichaltrige Babys, die das Wiegenlied nicht zu hören bekamen.

In der westlichen Kultur verschwinden diese Lieder zunehmend und werden durch Spieluhren ersetzt. Im Gegensatz zu anderen europäischen Ländern, wie Frankreich oder Schweden, sind in Deutschland die Wiegenlieder nicht vom »Aussterben« bedroht. 79 Prozent der deutschen Eltern singen abends ihrem Kind ein Wiegenlied vor, das sie meistens aus ihrer eigenen Kindheit kennen. Die eigene Mutter, der Vater, die Großmutter oder eine Tante sangen dieselben Lieder, wenn es Zeit war, zu Bett zu gehen. Und deutsche Eltern singen gerne. Wahrscheinlich ist diese Tradition bei uns noch so lebendig, weil sie von Generation zu Generation überliefert wird.

Ulrike, 38, erzählte uns Folgendes: »Ich singe jeden Abend meiner zweijährigen Tochter ein Wiegenlied vor, und dabei halte ich ihre Hand. Vor kurzem sah ich, wie sie ihre Puppe ins Bett gebracht hat. Sie nahm die Hand und sang ihr unser Wiegenlied vor.«

Dieses Beispiel zeigt, wie das kleine Mädchen schon im frühesten Alter seine Mutter nachahmt. Erfahrungen aus der eigenen Kindheit prägen sich bei uns ein und werden wieder hervorgeholt, wenn wir selbst Mutter oder Vater werden. Während wir vorsingen, werden wir in unsere eigene Kindheit zurückgeschickt und erinnern uns an unsere damaligen Gefühle. Das heißt also, dass wir uns in unser Kind hineinversetzen können. Wir fühlen, was es in diesem Moment empfinden könnte, und das gibt uns Sicherheit in dem, was wir tun.

Sehr wenige Kinder schlafen jedoch bereits beim Wiegenlied

wirklich ein. Dann wird die auch in Deutschland sehr beliebte Spieluhr aufgezogen. »Ich kann ja nicht stundenlang singen«, sagt Corinna, 29. Viele Eltern wissen sehr wohl, dass eine Spieluhr niemals den Gesang der Mutter ersetzen kann. Sie wird als »unpersönlich« und »nicht menschlich« eingestuft. Doch sie ist eine bequeme Lösung. Zahlreiche Eltern verbinden mit ihr die Hoffnung, dass sich ihr Kind dann im stillen, dunklen Zimmer nicht mehr so allein fühlt.

Was erzählen uns Wiegenlieder?

Schon seit jeher drücken Eltern auf der ganzen Welt durch Wiegenlieder ihre Liebe, Hoffnungen, Schmerzen und auch harten Lebensbedingungen aus. Sie rufen Gott oder magische Kräfte herbei, um ihre Kinder in der Nacht vor Gefahren zu beschützen. Die Texte dieser Lieder erlauben der Mutter, sich von ihren Ängsten zu befreien und sich zu beruhigen. Diese eigene Ruhe ist notwendig, um sein Kind beruhigen zu können, besonders wenn es Zeit ist zu schlafen. Gleichzeitig wird das Baby mit den »schlechten« Seiten des Lebens in Berührung gebracht und auf sie vorbereitet.

Afrikanische Mütter singen in ihren Wiegenliedern von der Abwesenheit der Mutter oder des Vaters und von der wunderbaren Zukunft des Kindes. Außerdem erzählen sie ihrem Kleinen die Geschichte seiner Ahnen und binden das Kind gleichzeitig in die Familiengeschichte mit ein.

Auch deutsche Wiegenlieder, wie zum Beispiel *Guten Abend, gut' Nacht,* haben mehr als eine nur einschläfernde Funktion. Dieses Lied stammt wahrscheinlich aus dem 15. Jahrhundert, existiert in geschriebener Form jedoch erst seit dem 18. Jahrhundert und wurde damals als Kinderlied bezeichnet. Die Symbolik der Blumen zeigt aber, dass es sich eigentlich um ein Liebeslied handelt. Der Autor dieses Wiegenliedes ist unbekannt. Die Melodie stammt von Johannes Brahms (1868) und wurde weltberühmt.

Guten Abend, gut' Nacht

Guten Abend, gut' Nacht,
mit Rosen bedacht,
mit Näglein besteckt,
schlupf unter die Deck:
Morgen früh, wenn Gott will,
wirst du wieder geweckt,
morgen früh, wenn Gott will,
wirst du wieder geweckt.

Guten Abend, gut' Nacht,
von Englein bewacht,
die zeigen im Traum
dir Christkindleins Baum.
Schlaf nun selig und süß,
schau im Traum 's Paradies.

Die erste Strophe dieses Wiegenliedes beschreibt das damalige große Problem der Kindersterblichkeit. Viele Kinder starben noch im ersten Lebensjahr an Krankheiten, für die es noch keine Medikamente gab. Aber auch heute noch ist die Thematik sehr aktuell. Es sterben immer noch Säuglinge, wenn auch viel weniger als früher. Und jede Mutter ist sich der Gefahr bewusst, dass sie ihr Baby durch den plötzlichen Kindstod verlieren kann. Immer wieder versichert sich eine Mutter in der Nacht, ob ihr Baby richtig atmet.

Dieses Wiegenlied erlaubt der Mutter, ihrer Angst vor dem möglichen Tod des Kindes Ausdruck zu verleihen. Der griechische Philosoph Epiktet drückte es schon 125 nach Christus mit den folgenden Worten aus: »*Welch ein Schmerz ist das, wenn du in dem Augenblick, in dem du dein Kind küsst, vor dich hinflüsterst, ›und morgen, wirst du sterben?‹*«

Eines der bekanntesten Wiegenlieder ist wohl *Schlaf, Kindlein, schlaf*. Wussten Sie, dass die erste Strophe schon seit dem 16. Jahrhundert existiert? Die anderen Strophen wurden im 18. Jahrhundert hinzugedichtet. Übrigens veränderte sich der Text ständig. Um 1897 gab es bereits 36 Versionen dieses Liedes.

Schlaf, Kindlein, schlaf

Schlaf, Kindlein, schlaf!
Der Vater hüt't die Schaf,
die Mutter schüttelt's Bäumelein,
da fällt herab ein Träumelein,
Schlaf, Kindlein, schlaf!

Schlaf, Kindlein, schlaf!
Am Himmel zieh'n die Schaf:
Die Sternlein sind die Lämmerlein,
der Mond, der ist das Schäferlein.
Schlaf, Kindlein, schlaf!

Schlaf, Kindlein, schlaf!
So schenk' ich dir ein Schaf mit einer goldenen Schelle fein,
das soll dein Spielgeselle sein.
Schlaf, Kindlein, schlaf!

Schlaf, Kindlein, schlaf,
und blök nicht wie ein Schaf:
Sonst kommt des Schäfers Hündelein
und beißt mein böses Kindelein.
Schlaf, Kindlein, schlaf!

Schlaf, Kindlein, schlaf!
Geh fort und hüt' die Schaf,
geh fort, du schwarzes Hündelein,
und weck' mir nicht mein Kindelein!
Schlaf, Kindlein, schlaf!

In den beiden ersten Strophen bereitet man das Kind mit liebevollen Bildern, wie Sterne oder Mond, auf den Schlaf vor. Ab der dritten Strophe schlägt der Ton aber langsam um. Eine gewisse Ungeduld ist spürbar. Man versucht sogar das Kind mit einem »Schaf« zu bestechen. Schlaf doch endlich ein ... In der vierten Strophe ist mit dem »guten Willen« Schluss. Dem Kind wird gedroht. Wenn es jetzt nicht Ruhe gibt und schläft, dann wird es von Schäfers Hund gebissen. Die Aggressivität der Mutter ihrem Kind gegenüber, das nicht schlafen will, wird hier Ausdruck verliehen.

und blök nicht wie ein Schaf:
Sonst kommt des Schäfers Hündelein
und ***beißt*** *mein böses Kindelein.*

Das Kind schreit also so laut, dass die Mutter mit ihren Nerven am Ende ist und das Kind am liebsten schlagen möchte. Interessant ist, dass sie selbst das Kind nicht haut. Der Hund des Schäfers soll das übernehmen. Und wem gehört der Hund? Dem Schäfer, das heißt dem Vater.

Ein altbekanntes Verhaltensmuster, auch in der heutigen Familiendynamik. »Warte nur, bis der Papa heute Abend nach Hause kommt, dann gibt's was!« Anstatt das Kind selbst zu bestrafen, übergibt die Mutter diese ihr unangenehme Aufgabe dem Vater. In den Augen des Kindes bleibt die Mutter dadurch immer noch die »gute Mama«.

In diesem Wiegenlied wird der Konflikt der Mutter sehr deutlich. Sie schwankt zwischen Liebe und Aggressivität. Denn in der anschließenden Strophe wird die Drohung von ihr sogleich wieder zurückgenommen. Die Mutter schickt das schwarze Hündlein fort und zeigt sich als Beschützerin des Kindes. Die Gefahr ist vorbei. Auch diese mütterliche Reaktion ist bestimmt vielen Vätern bekannt. Man verlangt von ihnen, dass sie das Kind bestrafen. Tun sie es, stellt sich die Mutter zwischen Vater und Kind. Anstatt den Vater zu unterstützen, hebt sie seine Bestrafung auf und untergräbt somit seine Autorität vor dem Kind. Wieder hat die Mutter Angst, ihr Kind könnte sie als »schlechte« Mutter empfinden.

Viele Eltern begehen den Fehler, dass sie Bestrafungen für ihr Kind aussprechen und sie dann keine zehn Minuten später wieder zurücknehmen und sich dann auch noch beim Kind entschuldigen. Dann wird erklärt und erklärt, und alles, was das Kind eigentlich will, ist ein klares »Nein, du darfst das nicht!«. Und es würde auch die Strafe akzeptieren und verstehen, wenn die Eltern nur den Mut hätten, sie durchzusetzen.

Für Schlafprobleme sollte jedoch kein Kind bestraft werden. Ein Kind bleibt nicht wach, weil es »böse« ist. Aber wenn es »Dummheiten« macht, ist ein deutliches »Nein« notwendig. Die Eltern dürfen sich dabei vor allem nicht gegenseitig in den Rücken fallen. Das tut weder dem Kind gut noch dem Partner. Das Kind braucht Grenzen, um sich sicher zu fühlen. Das hilft ihm auch, wenn es Zeit ist, einzuschlafen.

In *Schlaf, Kindlein, schlaf* versuchen die verzweifelten Eltern mit allen Mitteln, ihr Kind zum Einschlafen zu bringen. Liebe, Bestechung, Drohungen – schon vor hunderten von Jahren probierten Eltern aus, wie man am besten sein Kind beruhigt. Und wie es die letzte Strophe des Wiegenliedes zeigt, geht nichts über Liebe und Zärtlichkeit.

Die folgende Version von *Schlaf, Kindlein, schlaf* stammt aus der Zeit früherer Kriege. Sie steht für die furchtbare Angst vor dem Krieg und des Gefühls des Verlassenseins. Die damaligen Mütter waren mit ihren Kindern ganz auf sich gestellt und rangen ums tägliche Überleben, während die Väter weit entfernt an der Front kämpften.

Schlaf, Kindlein, schlaf!
Dein Vater hüt't die Schaf,
deine Mutter ist in Pommernland,
Pommernland ist abgebrannt.
Schlaf, Kindlein, schlaf!

Viele werden sich an die eigene Großmutter erinnern können, die dieses Lied mit einem traurigen und melancholischen Gesichtsausdruck gesungen hat. Dieses Wiegenlied half den Frauen, ihre Ängste vor dem Krieg und ihrem ungewissen Schicksal auszusprechen und zu verarbeiten. Das Baby hingegen wurde vielleicht zum ersten Mal mit den gewalttätigen Seiten des Lebens konfrontiert.

Eine neuere Version desselben Wiegenliedes ist vor allem den Kindern bekannt. Allerdings wird sie nicht gesungen, um besser einzuschlafen:

Schlaf, Kindlein, schlaf!
Dein Vater ist ein Schaf,
deine Mutter ist ein Trampeltier,
was kannst du armes Kind dafür?
Schlaf, Kindlein, schlaf!

Ganz klar greift hier das Kind seine Eltern verbal an und macht sich über sie lustig. Es scheint, als wolle es ihnen die ganze Aggressivität zurückzahlen. Der Vater ist ein (dummes) Schaf. Die Mutter kommt als »Trampeltier« auch nicht besser weg. Vielleicht drücken die Kinder hier mal ihre eigene Meinung zum Schlafproblem aus: Die Eltern wissen eben einfach nicht, wie sie ihr Kind zum Schlafen bringen können. Es ist also nicht seine Schuld, wenn es abends schreit und weint, sondern vielmehr die seiner Eltern. »Was kannst du armes Kind dafür …«

In unserer Studie möchten alle Eltern ihrem Baby durch das Singen von Wiegenliedern die Liebe zur Musik vermitteln. »Ich hoffe, dass meine Tochter später mit mir singt«, sagt Gaby, 26. Zudem möchten Eltern, dass ihr Kind sprachliche Fortschritte macht. Das Wiegenlied wird demnach auch als eine Art Fortbildungsmittel genutzt. Auch Geborgenheit, Liebe und Wärme sollen an das Kind weitergegeben werden, aber auch »dass mein Kind weiß, dass ich für es da bin und dass ich mich um es kümmere«, wie es uns Silke, 30, erklärt.

Das Wiegenlied hat also mehrere Funktionen für die von uns befragten Eltern. Es ist ein Austausch von Liebe, verhilft dem Kind zu sprachlichen Fortschritten und zur Musikalität und es ist eine Möglichkeit, die Trennung vorzubereiten. Durch den Kontakt mit Körper und Stimme vermittelt die Mutter ihrem Kind die nötige Sicherheit und Ausgeglichenheit, damit es sich beruhigt. Das Baby fühlt sich geborgen und vor allem geliebt. Eine wichtige Voraussetzung für einen erholsamen Schlaf. Singen bedeutet, dass die Eltern in der Nähe sind. Diese Situation lässt auch an die holding-Funktion (Winnicott) denken. Das Kind wird nicht nur von den Armen seiner Mutter getragen und gehalten, sondern auch von der mütterlichen Stimme. Somit ist die Haltefunktion nicht nur körperlich zu verstehen, sondern auch psychisch.

Das stille In-den-Schlaf-Begleiten – »Ich bin bei dir«

Im brasilianischen Staat Ceara wird der Säugling von seiner Mutter in einer Hängematte in den Schlaf gewiegt. Die Hängematte passt sich dem Körper des Kindes an, hüllt es ein und wiegt es. Gleichzeitig gibt sie dem Baby das Gefühl, getragen und gehalten zu sein. Dieses Gefühl ist ausschlaggebend für seine gesunde Entwicklung. Oft legt sich die Mutter gemeinsam mit ihrem Kind in die Hängematte, um es in den Schlaf zu begleiten. Das Kleine liegt dabei auf ihrer Brust, oder die Mutter setzt sich hinein und nimmt es auf ihren Schoß. In Japan, wie auch in Taiwan, legen sich die Eltern ebenfalls zu ihrem Kind. Dabei tun sie nichts Bestimmtes. Allein ihre Gegenwart genügt dem Kind, um sicher einzuschlafen. Auch in Deutschland gibt es Eltern, die bei ihrem Kind bleiben. Nicht immer freiwillig …

»Mein zweiter Sohn ist jetzt zwei Jahre und zwei Monate alt. Am Abend schläft er nur ein, wenn man neben ihm liegt, bis er eingeschlafen ist. Wir haben schon mal versucht ihm das abzugewöhnen, indem wir immer wieder reinkamen, sobald er geschrien hat, aber das war die reinste Katastrophe. Danach hat er uns gar nicht mehr aus den Augen gelassen, und jetzt meckert er schon, wenn wir zum Kassettenrekorder gehen, um Babymusik anzumachen oder die Tür weiter zulehnen«, erzählt Angela, 28.

Bei Kindern bestimmen vor allem ihre emotionalen Bedürfnisse, wie sie am besten einschlafen. Und die ändern sich, je weiter ein Kind sich entwickelt. Etwas bleibt aber über Jahre hinweg konstant: die Suche nach der körperlichen und beruhigenden Nähe der Eltern. Das liegt in der Natur von Mensch und Tier.

Hier fühle ich mich sicher. Berührung und Nähe sind für das Gedeihen eines Kindes wichtig und wirken beruhigend.

Wenn Sie spüren, dass Ihr Baby es braucht, dass Sie sich zu ihm legen, um zur Ruhe zu kommen, dann können Sie entweder still neben ihm liegen oder dabei Ihre Hand auf seinen Hinterkopf legen. Auch das Auflegen Ihrer Hand auf seine Brust wirkt beruhigend. Langsam können Sie die Hand bis zum Bauch gleiten und dort ruhen lassen. Sie werden spüren, wann

Sie die Hand wieder vorsichtig wegnehmen können, wenn Sie auf die Körperbewegungen und die Atmung Ihres Babys achten. Ist Ihr Baby noch körperlich aktiv, ist es noch nicht tief genug eingeschlafen. Ziehen Sie dann Ihre Hand noch nicht weg. Schläft Ihr Baby, nehmen Sie ganz vorsichtig Ihre Hand zurück, um es nicht aufzuschrecken. Denn das Baby spürt sonst sofort den fehlenden Druck der Hand auf seinem Körper. Lassen Sie sie dann einige Sekunden über der Haut Ihres Kindes schweben. Ihr Kind wird ruhig weiterschlafen.

Bei Babys, die körperlich sehr aktiv sind und sich hin und herbewegen, mitunter auch weinen, kann rhythmisches sanftes Klopfen auf den Rücken oder den Popo helfen. Die Technik wird besonders von afrikanischen Müttern angewendet. Je unruhiger das Kind ist, desto schneller klopfen sie sanft auf den Popo des Babys. Sie passen also das Klopfen der Unruhe des Babys an. Schreit ein Baby laut und bewegt sich heftig hin und her, kann ruhiges Klopfen das Baby unmöglich von seinem aufgewühlten Zustand herunterholen. Wenn man jedoch das anfänglich schnelle Klopfen allmählich verlangsamt, passt sich das Baby diesem Rhythmus an. Es beruhigt sich mehr und mehr und schlummert schließlich friedlich ein.

Sich neben sein Kind zu legen verlangt eine gewisse Portion Geduld. Man hat den ganzen Tag gearbeitet, ist müde und erschöpft. Eigentlich sollte es doch gerade dann schön sein, sich etwas auszuruhen. In der Praxis sieht das aber anders aus. Man ist gestresst und hungrig, muss noch kochen, der Mann will auch seine »Streicheleinheiten« und gleichzeitig soll man sich auch noch zum Kind ins Bett legen. Ja, was denn noch …? Die Statistiken bestätigen, dass das In-den-Schlaf-Begleiten des Kindes nicht zu den Hauptaufgaben der deutschen Eltern zählt. 80 Prozent der Eltern bleiben nicht bei ihrem Kind, bis es eingeschlafen ist. 70 Prozent sind es in Schweden und in Frankreich sind es sogar 97 Prozent der Eltern. Bekräftigt wird diese Entscheidung durch Schlafbücher, die empfehlen, dass ein Kind beim Aufwachen in der Nacht dieselben Bedingungen wie beim Einschlafen vorfinden muss – das Alleinsein in seinem Zimmer. Nur dann könnte es wieder einschlafen, ohne vorher seine Eltern zu wecken. Man entwöhnt ein Kind langsam von der Gegenwart seiner Eltern.

Auch kulturell wird das In-den-Schlaf-Begleiten in Deutschland nicht unterstützt. Aus der asiatischen Kultur hingegen ist es nicht mehr wegzudenken. Dort stehen Kinder an erster Stelle. Sich um sein Kind zu kümmern verleiht dort Prestige, ganz im Gegenteil zu unserer westlichen Kultur. Ein Leben mit Kindern, nur »Hausfrau« zu sein, wird in Japan nicht als ein unterdrückendes Frauenschicksal angesehen. Die Geduld der asiatischen Eltern erklärt sich wahrscheinlich zum Teil aus diesem Respekt für die Kindheit und dem Wunsch, seine eigene Kindheit wieder zu finden, die durch ein Erwachsenenleben voller sozialer Zwänge und Konventionen ersetzt wurde. Auch versetzen sich die dortigen Eltern vielleicht mehr in ihre Kinder, wenn es Zeit ist zu schlafen. Fakt ist, dass Kinder nicht allein einschlafen müssen.

In westlichen Ländern sind die Eltern aber besorgt, dass das Kind sonst niemals allein einschlafen wird. Weit verbreitete Haltungen sind: »Später im Leben muss mein Sohn ja auch allein einschlafen« oder »sonst will meine Tochter immer, dass jemand bei ihr bleibt«. Manche Eltern finden, dass es sie entlastet, wenn das Kind allein einschläft, und es weniger Konflikte in der Familie gäbe. Allein einzuschlafen scheint für viele Eltern auch noch mehr zu bedeuten: »Man muss lernen, sich allein zurecht zu finden«, »wir wollen einen Menschen erziehen, der mit sich allein zurecht kommt«, »später kann sich mein Kind dann leichter von Menschen oder Dingen trennen«. Nicht bei seinem Kind zu bleiben könnte sich positiv auf den Charakter des Kindes auswirken und es später zu einem selbstständigeren Erwachsenen machen. Diese Annahmen sind aber unbegründet.

Selbstvertrauen

Ein Säugling kann niemals verzogen werden, man kann lediglich so liebevoll wie möglich seine Bedürfnisse entdecken und darauf eingehen. Dadurch werden vom ersten Lebenstag an Sicherheit und Stabilität vermittelt, die zwei Grundvoraussetzungen für Selbstvertrauen im späteren Leben.

Manchmal fällt diese Befriedigung der kindlichen Bedürfnisse schwer, weil oft eigene Wünsche der Eltern in der frühen Kindheit nicht erfüllt wurden und sie bis heute unter den Folgen leiden.

Die deutschen Eltern, die bei ihrem Kind bleiben, möchten ihm auch etwas auf den Lebensweg mitgeben. Hier steht vor allem Folgendes im Vordergrund: »Unsere Gegenwart gibt meinem Sohn Vertrauen und Sicherheit«, »später weiß sie, dass wir immer für sie da sein werden«, »damit Kinder ihr Urvertrauen behalten«. Aber auch das Verständnis, dass alles seine Zeit haben sollte, haben wir in unseren Gesprächen gefunden: »unser Sohn wird alleine einschlafen, wenn er dazu bereit ist«,

»ich glaube, es ist wichtig, dass ein Baby die Erfahrung macht, dass man auf seine Bedürfnisse eingeht«.

Obwohl 80 Prozent der Eltern nicht bei ihrem Kind bleiben, bis es eingeschlafen ist, beantworten 54 Prozent der Eltern die Frage »Ist es schwierig für ein Kind einzuschlafen?« mit einem Ja. Vielleicht schenken deshalb viele Eltern ihrem Baby Puppen und Teddybären, die ihm in diesem schwierigen Moment am Abend beistehen sollen.

Von Übergangsobjekten und Schlafhelfern

Kinderbetten quellen heutzutage fast über von Puppen, Stofftieren und Schlummertüchern, den so genannten Schlafhelfern. Da fragt man sich zuweilen, wo da eigentlich das Kind schlafen soll. Am Kopf- und Fußende des Bettchens sind sie aufgereiht. In allen Farben und Größen schauen sie uns aus ihren Knopfaugen an. Manche werden schon vor der Geburt des Kindes gekauft. Von den Eltern, Verwandten oder Freunden. Und alle wollen dem Baby etwas Gutes tun. Es soll sich nämlich nicht so einsam fühlen, nachts, wenn es allein im Dunkeln in seiner Wiege oder seinem Bettchen liegt und versucht, einzuschlafen.

Stofftieren und Puppen wird eine beschützende Funktion beim Übergang vom wachen Zustand in den Schlaf zugetraut. In Portugal werden kleine Medaillons der heiligen Jungfrau Maria an die Wiege gehängt, um das Böse vom Baby fern zu halten. Eigentlich ist dieser Brauch nichts Neues. Leblose Gegenstände verkörpern seit Menschengedenken göttliche Kräfte. Schon zur Zeit der Pharaonen begleiteten unzählige Gegenstände die Herrscher ins Jenseits und beschützten sie auf diesem langen Weg. Gehören unsere heutigen Schlafhelfer zum kulturellen Erbe des frühen Ägyptens? Immerhin ist der Schlaf ein todesähnlicher Zustand.

Auch unsere eigenen Ahnen haben Gegenständen göttliche und heilende Kräfte durch ihren Glauben verliehen. Magische Amulette wurden für notwendig gehalten, um dem Kind all die todbringenden Mächte auszutreiben, die vermeintlich in ihm hausten. Alles wurde getan, um das Kind vor dem »bösen Blick« zu schützen. Noch heutzutage kann man diesen Brauch beobachten, dass Gegenstände Menschen beschützen sollen. Zum Beispiel das Kruzifix der Katholiken. Durch die Projizierungen der Gläubigen wird dieser Gegenstand lebendig. Das heilige Kruzifix soll die eigenen Ängste, Zweifel und die Einsamkeit vertreiben. Manchmal vertrauen Menschen diesen heiligen Gegenständen mehr als sich selbst. Sie glauben, dass das Anbeten des heiligen Gegenstandes genügt, damit ihnen geholfen wird. Dieselbe Überzeugung scheint sich auch mit einem Schlafhelfer zu verbinden.

In Deutschland schlafen 80 Prozent der Kinder mit einem Schlafhelfer ein. Sei es der Schnuller, der Teddy oder ein Tuch. Dieser Gegenstand begleitet in vielen Familien das Kind anstelle der Eltern in den Schlaf und gibt ihm Halt in der Nacht.

Maria, 35, drückt es so aus: »Falls meine Tochter in der Nacht aufwacht, tröstet sie sich mit ihrem Teddy und ruft nicht unbedingt sofort nach uns. Später muss sie ja auch alleine einschlafen. Wir können ja nicht ständig neben ihr liegen.«

Die Fähigkeit, sich selbst zu beruhigen, wird von den Eltern angestrebt. Dahinter steckt der Wunsch, dass ein Kind so früh wie möglich selbstständig wird.

Dem möchten wir entgegensetzen, dass ein Kind umso sicherer wird, je mehr Nähe und je mehr Körpernähe und Liebe es von seinen Eltern bekommt.

Nicht in allen Ländern haben Plüschtiere und Puppen erfolgreich die Wiegen und die Herzen der Babys und deren Eltern erobert. Überall, wo Kinder in Gegenwart ihrer Mutter oder ihres Vaters einschlafen, werden diese »Hilfsmittel« mehr oder weniger überflüssig. Im Süden von Indien zum Beispiel, in den ländlichen Regionen Italiens, in Gabun, Israel oder Korea. Durch die Anwesenheit der Eltern werden alle Bedürfnisse des Kindes gestillt.

Aber wie kann ein Teddybär Trost spenden und den Übergang vom Wachen zum Schlafen erleichtern? Es ist doch nur ein lebloses Stofftier.

Schlafhelfer werden vor allem dann wirksam, wenn sie für das Kind zu einem »Übergangsobjekt« geworden sind. Dabei handelt es sich um ein normales Phänomen in der frühen Kindheit. D. W. Winnicott meinte, das Kind muss dazu imstande sein, das Objekt als eigenständig und »Nicht-Ich« anzuerkennen. Also als etwas, das nicht zum eigenen Selbst gehört oder ein Teil des eigenen Körpers wäre.

Dieses Übergangsobjekt ergänzt die Beziehung zur Bindungsfigur und »ersetzt« die Mutter, wenn sie nicht anwesend ist. Besonders die weiche Beschaffenheit und der dem Übergangsobjekt anhaftende mütterliche Geruch hilft dem Kind, positive Erinnerungen hervorzurufen. Zum Beispiel als die Mutter sich liebevoll um es gekümmert hat. Über einen bestimmten

Du behütest meinen Schlaf. Der Teddy löst die Eltern ab
und hilft beim Einschlafen.

Zeitraum hinweg gelingt es dem Kind, sich mit seinem Übergangsobjekt über ihre Abwesenheit hinwegzutrösten, und es beruhigt sich von ganz allein. Zum Beispiel, wenn es am Abend alleine einschlafen soll. Für das Kind bleibt das Übergangsobjekt ein Gegenstand. Es ist kein »projiziertes inneres Objekt oder Personenrepräsentanz, sondern ein Besitz«. (D. W. Winnicott)

Übergangsobjekte können ab dem vierten Lebensmonat auftauchen. Während der ersten drei Lebensmonate beruhigt sich das Baby vor allem durchs Daumenlutschen und den Schnuller, der übrigens nicht verwendet werden sollte, um das Kind »mundtot« zu machen. Es ist ja auch noch viel zu klein, um nach Gegenständen zu greifen und sie an sich zu drücken.

Meistens wird der Daumen an der Hand gelutscht, die auch das Übergangsobjekt bzw. den Schlafhelfer hält. Manchmal sind es ganz unscheinbare Stofftiere, die zuvor in der Wiege lagen, oder Gegenstände, die beim Füttern oder Pflegen des Kindes verwendet wurden, die als Übergangsobjekt ausgewählt werden. Eine Windel zum Beispiel. Wichtige Voraussetzungen: Es muss weich und einfach zu handhaben sein. Ein Übergangsobjekt sollte nur im »Schmutz-Notfall« in der Waschmaschine landen. Der vertraute Geruch ist sehr wichtig für das Kind. Fehlt er, wird es sein Schlummertuch nicht mehr annehmen und zurückweisen.

Seit einigen Jahren ermutigen Eltern ihre Kinder, sich an ein Schlummertuch oder ein Plüschtier zu gewöhnen. Dieser psychische Prozess kann beim Kind aber nur stattfinden, wenn das Kind sich selbst seinen Gegenstand aussucht, der seine geliebte Bezugsperson verkörpern soll. Und das wird geschehen, wenn das Kind dazu bereit ist. Man kann ein Übergangsobjekt oder einen Schlafhelfer nicht wie ein gewöhnliches Medikament verschreiben. Hat sich das Kind aber erst einmal für eine Puppe, ein Plüschtier oder ein Schlummertuch als Übergangsobjekt oder Schlafhelfer entschieden, wird es zu seinem heiß geliebten Schatz und ständigen Begleiter. Es wird niemals mit einem anderen Kind geteilt und vor Zugriffen anderer eifersüchtig verteidigt. Beide führen geheime Dialoge, kuscheln miteinander und stehen sich bei. In guten und in schlechten Zeiten. Das Kind nimmt es oft in den Mund, drückt es an sein Gesicht oder streichelt sich damit die Nase. In ängstlichen Momenten trösten sich Kinder damit. Deswegen sind sie auch so traurig, wenn sie ihr Lieblingstier verloren haben. Auf dem Schmusetier wird herumgekaut, an ihm gezogen oder es wird auf den Boden geworfen – der Lieblingsgegenstand Ihres Kindes hält alles aus. Weil es nicht nachtragend ist, hilft das Übergangsobjekt dem Kind auch beim Abbau seiner Aggressionen. Wenn die Bedürfnisse nicht befriedigt sind und die Mutter nicht ständig für ihr Kind da sein kann, führt dies zu Wut und Traurigkeit. Auf seine Mutter wütend zu sein ist aber ein beängstigender Zustand für ein Kind. Es entsteht ein innerer Konflikt. Anstatt an seinen Eltern seine Wut auszulassen, hält die Lieblingspuppe nun ihren Kopf hin. Und das ist für ein Kind viel erträglicher. Die Lieblingspuppe hilft über diesen Notstand hinweg und löst damit den inneren Konflikt. Manchmal geben Eltern ihrem Kind sein Lieblingsplüschtier, wenn sie sehen, dass es traurig ist. Man verleiht dem Stofftier vielleicht zu viel »Zauberkraft«. Für ein Kind sind es aber immer noch seine Eltern, die ihm mit einer liebevollen Umarmung am besten Trost spenden können.

Sobald das Kind laufen kann, verlässt auch das Übergangsobjekt die Wiege. Es mit sich herumzutragen verweist auf den Wunsch, selbst getragen zu werden. Es erlaubt dem Kind aber auch, sich von seiner Mutter zu entfernen und sie dennoch immer bei sich zu behalten. Dadurch gewinnt das Kind an Autonomie.

Das Übergangsobjekt verliert an Bedeutung, sobald ein Kind sprechen und seine Gedanken, Wünsche und Gefühle ausdrücken kann. Das geschieht, wenn es beginnt, die elterliche Abwesenheit zu akzeptieren, ohne dabei traurig oder ängstlich zu werden, und ein stabiles Bild von sich selbst und seinem Körper entwickelt hat. Normalerweise passiert das um das 3. Lebensjahr. Doch in Einzelfällen begleitet das Übergangsobjekt Kinder bis zum 7. oder 8. Lebensjahr und sogar bis in die Pubertät. Dabei wird das Lieblingstier nie in Vergessenheit geraten. Es verliert nur nach und nach an Bedeutung. Doch immer wieder wird es schwierige Momente im späteren Leben geben, wo man vielleicht sein Lieblingsschmusetier aus seiner Kiste im Keller hervorholt und bei ihm Trost sucht. Diese Flucht in Erinnerungen an die Kindheit hilft diese Phasen zu überstehen. Manche Erwachsene haben sich nie von ihrer Schmusedecke verabschiedet. Auch wenn die Decke nur auf dem Bett liegt und nicht ständig mit sich herumgetragen wird, so muss sie doch jederzeit sichtbar sein. Das Übergangsobjekt ist dann immer noch Symbol für Geborgenheit, Kraft und Liebe. Seine Nähe wirkt beruhigend.

Psychische Funktionen von Übergangsobjekten

- Sicherheitsgefühl
- Beruhigen und Trösten
- Bewältigung negativer Affekte und Erlebnisse, beispielsweise Trennungsschmerz und Verlust
- In-Beziehung-Bleiben, unter anderem vermittelnde Funktion zwischen Kind und Mutter
- Sich-Individualisieren, unter anderem Autonomie und Lösung aus der Abhängigkeit zur Mutter
- Symbolbildung und kreative Symbolverwendung

Wenn Kinder Hilfe brauchen, um einzuschlafen

Für viele Eltern repräsentiert der Schlafhelfer den »Freund« ihres Kindes, der bei ihm bleibt, wenn es nachts allein im Zimmer ist. »Es ist ein Bruder, jemand, den meine Tochter lieb hat«, »das ist ein kleiner Freund, der wie meine Tochter zur selben Zeit schlafen muss«, »mein Sohn hat nachts etwas zum Kuscheln«, »es tröstet meine Tochter, wenn sie schlafen muss«, »es ist ein Stück Halt in der Nacht«.

Die hier zitierten Eltern sind sich anscheinend bewusst, dass irgendjemand da sein sollte, damit ihr Kind besser einschläft, und dass es vor allem schwierig ist, allein zu schlafen. Fast hat man den Eindruck, dass der Schlafhelfer menschlich wird. Nicht nur das Kind fühlt sich – nach Meinung der Eltern – sicherer, auch sie selbst sind beruhigter, wenn der Schlafhelfer beim Kind im Bett ist. Sie haben das Gefühl, dass ihr Kind nicht *wirklich* allein gelassen ist. Selten sprechen sich Eltern gegen den Schlafhelfer aus. Und warum auch? »Ich hatte ja auch einen Teddy, als ich klein war, und habe ihn so geliebt«, erklärte uns Melanie, 24.

Der Schlafhelfer wird wirklich zum besten Freund des Kindes und hilft ihm, ohne seine Eltern einzuschlafen. Wirklich selbstständig schläft das Kind trotzdem nicht ein. Sonst bräuchte es nicht sein Schlummerkissen. Es schläft nur ohne die Hilfe seiner Eltern ein. Schlafhelfer haben also auch eine entlastende Funktion. Manche Eltern befürchten, dass ihr Kind »abhängig« von ihrer Gegenwart im Moment des Schlafengehens wird. Auch wenn das Kind in der Nacht weint, hoffen seine Eltern, dass dieser »Freund« ihr Kind beruhigt. Einem Gegenstand wird also in gewisser Weise die Verantwortung für das Kind übertragen.

Wenn es sich sicher fühlt, hilft der Schlafhelfer, dass das Kind abends ruhig einschläft. Wacht es in der Nacht nur kurz auf, kann auch da der Schlafhelfer wirksam sein. Wenn sich das Kind allerdings nicht wohl fühlt oder krank ist, dann braucht es nicht seinen »Freund«, sondern auf jeden Fall die beruhigende Nähe seiner Eltern und ihre tröstenden Worte.

Babys benötigen Hilfe, um einzuschlafen. Und diese Hilfe kommt von außen. Sei es die Mutter, der Vater, der Daumen oder ein Schlafhelfer. Babys und kleine Kinder werden durch diese Einschlafhilfen beruhigt.

Wie Eltern ihr Kind zum Einschlafen bringen, scheint auch tief in der Kultur eines jeden von uns verankert zu sein. Sind die Eltern nicht anwesend, muss sich das Kind irgendwie selbst beruhigen, um sich von ihnen trennen zu können. Und da sind Schlafhelfer sehr hilfreich. Ganz selten schlafen Kinder ohne jegliche Hilfe von allein ein. Welche Schlafbegleitung die beste für Ihr Kind ist, hängt von seinem Alter und von seinen momentanen emotionalen Bedürfnissen ab. Aber auch davon, wozu Sie bereit sind …

»Abends stille ich meine Tochter, 14 Monate, ja zum Einschlafen. Sie kann aber auch ohne Stillen einschlafen. Sei es in der Babyschale im Auto oder im Ergo Baby Carrier auf meinem Rücken, wenn ich sie trage. Früher schlief sie auch

im Tragetuch – auf der Hüfte oder vor dem Bauch – ein. Sie nimmt keinen Schnuller und nuckelt auch nicht am Daumen. Sie hat auch kein Kuscheltier oder ähnliches, was sie zum Einschlafen braucht«, erzählt Antje, 30.

Wenn die Mutter beim Einschlafen präsent ist, wie in Japan, Indien oder Afrika, wird auch der Schlafhelfer oftmals nebensächlich für ein Kind. Seien Sie also nicht besorgt, wenn das Kind von Bekannten mit seinem Plüschtier überall herumläuft, Ihr Kind aber nicht. Mit Ihrem Kind ist alles in Ordnung. Ein heiß geliebtes Plüschtier entspricht einfach nicht seinen Bedürfnissen. Ein Kind wird auch nicht von seinen Eltern emotional vernachlässigt, wenn es sich an ein Schlummertuch oder Ähnliches gewöhnt hat. Es ist ein ganz normaler Vorgang. Schlafhelfer wirken sich auch nicht negativ auf die Entwicklung des Kindes aus. Sie fördern sogar die Kreativität des Kindes. Dennoch ersetzen sie nicht wirklich die mütterliche bzw. väterliche Gegenwart in diesem Moment der Trennung, wo es sie am meisten braucht. So wie Sie sich die Zeit nehmen, Ihrem Kind sein Essen vorzubereiten und es zu füttern, es zu baden und zu wickeln – genauso könnten Sie am Abend, dem schwierigsten Moment des Tages, Ihrem Kind die Zeit schenken, die es braucht, um sicher einzuschlafen. Gerade jetzt benötigt Ihr Kind Sie, Ihre Liebe und Ihre Nähe. Und dabei kann es trotzdem sein geliebtes Plüschtier in den Armen halten. Lassen Sie sich aber nicht durch ein Stück Stoff ersetzen. Sie rauben sich selbst letztlich einen wunderschönen Moment der Harmonie mit Ihrem Kind.

Mein Kind kann nicht einschlafen

Abends einzuschlafen ist für ein Kind fast immer schwierig. Eltern sind sich dessen nicht immer bewusst, weil sich das Kind trotz aller Einschlafschwierigkeiten mehr oder weniger still verhält. Würden die Eltern an der Tür warten, bis ihr Kind eingeschlafen ist – sie wären überrascht, wie lange sie dort stehen würden und wie aktiv ihr Kind in seinem Bettchen herumwerkt. Das Kind wälzt sich hin und her, um eine geeignete Schlafposition zu finden, es lutscht den Daumen, nimmt ihn wieder aus dem Mund, steckt ihn wieder rein, der Schlafhelfer wird gedrückt und liebkost, so lange, bis das Kind endlich einschläft. Andere Kinder wehren sich gänzlich davor einzuschlafen. Sie setzen sich im Bett auf, schreien und weinen, stehen auf und halten sich am Gitter ihres Bettchens fest, während die Tränen über ihr Gesicht kullern. Es scheint, als gehe für sie die Welt unter, wenn das Licht ausgeht. Oft fangen sie schon zu weinen und zu schreien an, sobald sie das Bettchen nur sehen oder man sie hineinlegen möchte.

Ein Baby kann seine Nicht-Einschlafgründe noch nicht sprachlich ausdrücken. Die Eltern müssen sein Weinen und Schreien also richtig interpretieren. Was fehlt ihm? Wie können wir helfen? »Lassen Sie Ihr Kind schreien. Es muss selbst lernen einzuschlafen.«, ist die allerschlechteste Empfehlung. Der Psychotherapeut Hans Joachim Maaz wies darauf hin, dass das Weinen die angemessene Reaktion auf einen Mangel oder einen seelischen Schmerz ist. Es bringt nichts, ein Kind schreien zu lassen, bis es müde ist. Dieser Gefühlsausbruch hat zwei Funktionen: erstens signalisiere ich einen Notstand und benötige Hilfe. Zweitens möchte ich mich entspannen. Man

Ich kann noch nicht sprechen, aber schon schreien.
Lassen Sie Ihr Kind jetzt nicht allein und helfen Sie ihm,
sich zu beruhigen.

kann keiner Mutter und keinem Vater empfehlen, sein Kind bis zur Erschöpfung schreien und weinen zu lassen. Die fatale Folge ist, dass das Kind merkt, mit dem Äußern der Bedürfnisse keinen Erfolg zu haben. Schließlich resigniert es und hört auf zu weinen. Es macht damit die für das ganze Leben wirkende Erfahrung: Es versteht mich keiner, meine Einwände nutzen nichts. Es verliert dadurch seine Kommunikationsfähigkeit und wird sich auch später als erwachsener Mensch in Problemsituationen mit dem Gefühl zurückziehen: Es versteht mich keiner, ich bleibe eh allein.

Nicht alle Eltern können das lang anhaltende Schreien ihres Kindes ertragen. Trotzdem stehen sie vor der geschlossenen Kinderzimmertür und trauen sich nicht hineinzugehen. Man will ja nichts falsch machen. Die westliche Kultur gibt keine festen Hinweise, wie man mit Einschlafschwierigkeiten umzugehen hat. Wieder entsteht dieser Konflikt zwischen den Erwartungen der Gesellschaft und dem eigenen Instinkt. Man fühlt sich dabei hilflos und mit den Schlafproblemen des Kindes allein gelassen.

Konsequenz beim Einschlafzeremonell

Viele Einschlafschwierigkeiten können bereits behoben werden, wenn die Eltern eine konsequente Haltung beim Einschlafzeremoniell beibehalten. Bei der Durchführung sollten sie nicht ungeduldig sein, sondern dem Kind ihre volle Aufmerksamkeit schenken. Das Schlafritual muss vor allem den Bedürfnissen des Kindes entsprechen. Und die sind bei jedem anders.

Auch das Weglassen des Nachmittagsschlafs kann zu Verbesserungen bei etwas älteren Kleinkindern führen. In Deutschland, wie auch in der Schweiz, stecken Mütter ihre Kinder nachmittags ins Bett. Sie vertreten die Auffassung, dass die Kleinen bis ins Kindergartenalter diese Ruhepause brauchen. Schwedische Mütter hingegen überlassen es ihren Kindern, wenn sie zwei Jahre alt sind, ob sie nachmittags schlafen wollen oder nicht. Übrigens, je mehr ein Kind tagsüber schläft, desto weniger wird es nachts schlafen und umgekehrt. Manchmal hält das Baby auch zu spät seinen Nachmittagsschlaf, um dann gleich ein paar Stunden später weiter zu schlafen.

Tipps für problemloses Einschlafen

- Gehen Sie mit Ihrem Baby viel an die frische Luft. Natürlich je nach Wetterbedingungen. Besonders die Zeitspanne von 12 Uhr bis 16 Uhr scheint sich positiv auf den Schlaf des Kindes auszuwirken.
- Ein Kind sollte nicht in der Nähe eines Fernsehers einschlafen, denn die flimmernden Bilder und die aus dem Gerät dringenden lauten Stimmen können beim Übergang in den Schlaf stören.
- Wichtig ist vor allem, dass das Kind ins Bett gebracht wird, wenn es wirklich müde ist. Das haben wir aber bereits angesprochen.
- In den ersten Monaten ist das Stillen des Babys die beste Einschlafmethode. Sein Baby zu tragen und ihm die Brust zu geben sind übrigens auch am wirksamsten, um es zu beruhigen.
- Auch das Wiegen des Kindes wirkt einschläfernd. Es erinnert das Baby an das rhythmische Wiegen, als es noch im Mutterleib war. Dabei kommen sich Eltern und Kind näher und seine Bedürfnisse nach Körperkontakt und Wärme werden gestillt. Das Kind fühlt sich so sicher, wie schon vor seiner Geburt, in Mamas Bauch, und kann ruhiger einschlafen.

Schon allein diese Tipps zeigen, welchen Einfluss Eltern auf das Schlafverhalten ihres Kindes haben können. In Ländern und Regionen, wo die Kultur klare Anweisungen gibt, wie man auf den Schlaf des Kindes reagieren soll, gibt es übrigens sehr wenige Schlafstörungen.

Aber noch etwas anderes spielt eine große Rolle bei Einschlafschwierigkeiten am Abend: Ängste – insbesondere Trennungsängste. Mehr dazu im folgenden Kapitel.

Wenn es Zeit wird, sich zu trennen

Trennungsängste können sehr oft der eigentliche Grund für Einschlafstörungen beim Kind sein. Es sind die ursprünglichsten Ängste bei Kindern. Schon zwischen dem sechsten und achten Monat beginnt das Baby zu begreifen, dass seine Mutter und es selbst nicht *eins* sind. »Ich bin ich und ich bin unabhängig von dir.« Es ist die so genannte Individuation und bedeutet einen neuen Entwicklungsschritt in seinem Leben. Das Baby muss also Abschied von der beruhigenden Vorstellung nehmen, dass Mutter und Baby miteinander »verschmolzen« sind. Das bedeutet aber auch, dass man den anderen, in diesem Falle die Mutter, verlieren könnte. Das Baby bekommt daher in bestimmten Situationen Angst, sich von seiner Mutter zu trennen. Eine davon ist der Moment des Schlafengehens.

Zwischen dem dritten und sechsten Lebensjahr dreht sich die Trennungsproblematik um den – wie Sigmund Freud ihn nannte – Ödipuskomplex. Dem antiken Mythos nach begehrte Ödipus seine Mutter und tötete seinen Vater, nicht wissend, dass die beiden seine leiblichen Eltern waren. Nachdem er seine Mutter geheiratet hatte, erkannte Ödipus die Zusammenhänge und bestrafte sich selbst, indem er sich blendete.

Ins Psychologische übertragen heißt das: Das Kind will all die Liebe eines Elternteils für sich ganz allein haben. Beim Jungen ist es gewöhnlich die Liebe seiner Mutter. Das Mädchen

Mama ist die Beste! Ganz gleich, wo Sie unterwegs sind – wenn Ihr Kind müde ist, schläft es vertrauensvoll ein, denn es findet bei Ihnen Geborgenheit.

umschwärmt ihren Papa. Es kommt aber auch vor, dass das Kind das gleichgeschlechtliche Elternteil in dieser Phase auserwählt. Während der Junge in dieser Phase meistens seine Mutter vergöttert, wird der Vater mit einer gewissen Abneigung betrachtet. Er ist der Störfaktor für das Mutter-Sohn-Glück. Und in dieser Situation kommt es nicht allzu selten vor, dass der kleine Junge sich Mittel und Wege ausdenkt, wie man sich diesen erwachsenen Rivalen am besten aus dem Weg räumt. Doch sich zu wünschen, dass der Vater für immer verschwindet, bringt Schuldgefühle mit sich. Der Junge hat daher

Angst, die Liebe seiner Eltern zu verlieren und von ihnen verlassen zu werden. Ein für das Kind unerträgliches Gefühl. Die Trennungsangst bezieht sich jetzt nicht mehr auf den Verlust der Mutter, sondern auf die Liebe der Eltern.

Es kann gut vorkommen, dass ein Kind, das sich gerade in der so genannten ödipalen Phase befindet, auf einmal im Elternbett schlafen will. Und am liebsten in der Mitte zwischen Papa und Mama. Der Wunsch, das Elternteil für sich selbst zu besitzen und den Rivalen auch nachts zu kontrollieren und fern zu halten, motiviert dieses Verhalten des Kindes. Hier liegt es an den Eltern, ob sie dem Kind nachgeben und es jede Nacht in ihrem Bett akzeptieren. Oder dem Kind klar machen, dass Papa und Mama allein sein wollen und dass sein Platz nicht bei ihnen im Bett ist. Das wird das Kind verstehen, wenn auch nicht gleich. Der »Rivale« fühlt sich dann auch weniger von seiner Frau vernachlässigt.

Bei Kleinkindern unter drei Jahren kann das Schreien nach den Eltern bei Einschlafschwierigkeiten auch darauf zurückgeführt werden, dass sich das Kind versichern will, dass Mama und Papa noch da sind. Es ist psychisch noch nicht so weit entwickelt, dass es sich die beruhigende Gegenwart seiner Eltern in einem anderen Raum vorstellen kann. Haben die Eltern das Zimmer verlassen, hat das Kind Angst, dass sie für immer verschwunden sind. Auch tagsüber kann man das gut beobachten. Wenn die Mutter auf die Toilette geht und die Tür hinter sich schließt, wird das Baby (besonders im Alter von acht bis zwölf Monaten) sofort anfangen zu weinen.

Wenn das Kind nachts allein in seinem Zimmer schlafen soll, können beruhigende Worte helfen, diese Angst zu bewältigen: »Auch wenn du jetzt schläfst, dann sind Mama und Papa für dich da. Wir gehen nicht weg. Wir sind ganz in deiner Nähe, auch wenn du uns nicht siehst!« Bestimmt finden Sie Ihre eigenen beruhigenden Worte. Benutzen Sie vor allem keine Formulierungen, wie »Du brauchst keine Angst zu haben« oder »Fürchte dich nicht«. »Angst, Furcht, Probleme, Schwierigkeiten, etc.« sind negativ besetzte Wörter. Allein das Hören dieser Worte lassen beim Kind, aber auch bei jedem Erwachsenen, Zweifel aufkommen: »Ich soll keine *Angst* haben. Also gibt es da etwas, wovor ich Angst haben müsste!«

Das folgende Beispiel veranschaulicht, wie sich ein Kind fühlen kann, wenn es unter Trennungsängsten leidet.

Theo, 12 Monate, und die Schwierigkeit, sich zu trennen

Es ist kurz vor 19 Uhr 30. Theo befindet sich in den Armen seiner Mutter, Julia, 32, als sein Vater Andreas, 33, nach Hause kommt. Seit heute Morgen hat Theo ihn nicht mehr gesehen. Andreas gibt seinem Sohn einen Kuss, doch Theo reicht das nicht. Er will mehr Aufmerksamkeit und streckt die Arme nach seinem Vater aus. Andreas nimmt seinen Sohn auf den Arm und drückt ihn an sich. Aber es ist Zeit, schlafen zu gehen, und Julia trennt Vater und Sohn, »Komm mein Schatz, jetzt machen wir Heia.« Sie geht mit Theo auf dem Arm in sein Zimmer. Theo schaut beunruhigt. Wo ist sein Vater? Er zeigt zur Tür in Richtung Papa und beginnt zu weinen. Julia fühlt, was ihrem Sohn fehlt. »Andreas, du musst noch mal kommen«, ruft sie laut. Die Vereinigung von Vater und Sohn hatte keine zwei Minuten gedauert. Zu kurz für Theo. Sobald Julia den Namen ihres Mannes ausspricht, beruhigt sich Theo. Andreas kommt herein und nimmt seinen Sohn auf den Arm. Er wird nun das Schlafritual durchführen. Julia schaut zu, wie Theo nach und nach von seinen Plüschtieren Abschied nimmt. »Gute Nacht, lieber Hase. Gute Nacht, Theo, sagt der Hase«, sagt der Vater sanft. Theo ist zufrieden und macht glücklich mit. Er streichelt die Stofftiere. Etwa zwei Minuten später sagt Andreas, »So, jetzt schlaf schön« und will seinen Sohn in sein Bettchen legen. Theo schreit schon, bevor er liegt. Der Vater bleibt ruhig. Er reagiert auf das Schreien, indem er Theo seinen Schnuller in den Mund steckt und ihm ein Stofftier in die Hand gibt, das Theo aber sofort loslässt. Julia löscht das Licht, während ihr Mann im Halbdunkel die Spieluhr aufzieht. Theo weint lauter. Doch Andreas ignoriert das Weinen. »Schlaf schön«, wiederholt er und gibt dem weinenden Theo einen Kuss. »Bis morgen«, und geht hinaus. Die Kinderzimmertür wird geschlossen. Theo ist nun allein im Dunkeln und schreit laut. Julia steht vor der Tür. Sie hofft, dass Theo sich beruhigen wird. Sie geht schließlich zu ihrem Sohn, spricht leise mit ihm und gibt ihm wieder seinen Schnuller. »Gute Nacht, schlaf gut!«. Als sie hinausgeht, stößt Theo einen durchdringenden Schrei aus. Aber seine Mutter schließt die Tür. Der Kleine weint laut und steigert sich richtig hinein. Nach einer Minute – und das kann lange sein, wenn ein Kind verzweifelt schreit – geht die Mutter wieder zu ihm. Sobald sie näher kommt, beruhigt sich Theo schon etwas. Sie nimmt ihn aus dem Bett auf ihren Arm und streichelt und küsst ihn. Doch *erst als sie im Halbdunkel beginnt, ihren Jungen zu wiegen, hört er auf zu weinen. Sein Kopf ruht auf ihrer Schulter. Mit seinem ganzen Körper sucht er die Nähe seiner Mutter. Wieder küsst Julia ihren Sohn. Theo hat sich weitgehend so beruhigt, dass Julia einen weiteren Versuch wagt. Sie legt ihn in sein Bett und streichelt ihn, während sie sanft zu ihm spricht. Dann zieht sie die Spieluhr auf. Das Baby ist ruhig. Die Mutter geht langsam hinaus. Theo weint nicht mehr und schläft ein.*

Papa war mal wieder den ganzen Tag arbeiten.
Aber jetzt hat er richtig Zeit für mich.

Dieses Kind konnte nicht in drei oder vier Minuten einschlafen. Gerade erst ist sein Vater nach Hause gekommen, Mama und Papa endlich bei ihm und schon soll er sich von ihnen trennen? Sein Weinen erreicht, dass seine Mutter bei ihm bleibt. Sogar sein Vater kommt für das Schlafritual zurück. Obwohl Andreas sehr sanft zu seinem Sohn ist, so ist auch dieser Moment für Theos aktuelle Bedürfnisse zu kurz.

Besonders eindrucksvoll ist der Wechsel im Verhalten der Mutter. Zuerst ist Julia eher distanziert. Sie gibt Theo seinen Schnuller und geht wieder hinaus. Damit hat sie keinen Erfolg. Erst als sie ihr Kind in die Arme nimmt, zärtlich zu ihm ist und es ihren Körper spürt, beruhigt es sich. Das Baby braucht die Nähe seiner Mutter. Und Julia hat instinktiv das Baby aus seinem Bettchen geholt. Damit hat sie sich über alle offiziellen Schlafregeln hinweggesetzt, weil sie genau in diesem Moment gespürt hat, was ihrem Jungen fehlt. Es ist dieser Austausch von Zärtlichkeiten, der Theo die Sicherheit gibt, um letztlich ohne Schreien einzuschlafen.

Eltern warten oft den kritischen Moment ab, wo das Baby so laut weint, dass es auch die Nachbarn nicht mehr überhören können, bis sie zu ihm gehen und es liebevoll beruhigen. Warum werden dem Baby diese Zärtlichkeiten nicht von vornherein geschenkt? Warum sollten Auf-dem-Arm-Nehmen, Wiegen und Küsse der letzte Ausweg sein? Vielleicht will das Kind nicht einschlafen, weil ihm eben diese Streicheleinheiten gefehlt haben. Es fordert sie durch sein Schreien ein.

Einschlafschwierigkeiten können verschwinden, wenn man das Schlafritual und auch den Moment des Einschlafens mit Gesten wie wiegen, streicheln und tragen bereichert. Man kann das Kind auch neben sich legen. Es geht darum, die körperliche Nähe zur Mutter oder zum Vater zu begünstigen. Beobachten Sie Ihr Kind dabei. Es wird Ihnen durch seine Reaktionen zeigen, was es braucht, um in den Schlaf zu finden und sich von Ihnen in Ruhe und ohne Ängste trennen zu können.

Ängste beim Einschlafen

Am Abend einzuschlafen, kann beim Kind Ängste hervorrufen. Doch auch Mütter erleben diese Trennung als schwierig. Die mütterliche Trennungsangst hat zwei Facetten:

- das Gefühl der Mutter, von ihrem Kind getrennt zu sein
- was sie empfindet, wenn sie die Angst ihres Babys fühlt.

Diese Ängste werden als unangenehmer Gefühlszustand beschrieben, voller Nervosität und Schuldgefühlen.

Massive Trennungsängste bei Müttern können einen entscheidenden Faktor bei Einschlafschwierigkeiten darstellen, denn sie erschweren es dem Kind ebenfalls, sich zu trennen. Das Kind beobachtet seine Mutter und spürt ihre Ängste. Es sieht, dass die Mutter unruhig und unglücklich ist. Dadurch wird der Stress beim Kind nach der Trennung deutlich erhöht. Es fühlt sich nicht sicher und weigert sich einzuschlafen.

Eine Single-Mutter, die abends allein ist und Angst davor hat, kann ebenfalls unbewusst Signale an das Kind senden, die von ihm aufgenommen werden. Es stillt dann die Bedürfnisse seiner Mutter und füllt die Nächte durch das Weinen auf.

Ein Baby merkt – so klein es auch ist – ob es seinen Eltern nicht gut geht und sie Sorgen oder Ängste haben. Dabei braucht es sich nicht unbedingt um Trennungsängste zu handeln. Schicksalsschläge der Eltern können sich zum Beispiel auf die ganze Familie auswirken.

Tanja, 39, erzählte uns: »Als der Kleinere vier Monate alt war, fiel mein Vater ins Koma – wir hatten kaum Hoffnung, ihn jemals wiederzubekommen. Monate voller Angst und täglicher Fahrten ins Krankenhaus, Stunden, in denen die Kinder sich kaum bewegen konnten, leise sein mussten und unsere Angst fühlten.

Der Große war noch nicht ganz vier Jahre, mein Exmann war von heute auf morgen 300 Kilometer weggezogen, und mein Vater war sein »O-Papa« geworden. Er war gerade ein paar Wochen im Kindergarten und alles war so durcheinander. Außer dass er häufiger kuscheln kam, war nicht viel zu merken, dafür reagierte der Säugling umso heftiger. Er schrie, vor allem nachts, jede Stunde für 15 bis 20 Minuten, ehe er erschöpft einschlief, dann nach etwa 45 Minuten Schlaf wieder dieses Schreien. Ich habe ihn im Tuch durch die Wohnung getragen, und wenn ich nicht mehr konnte, habe ich ihn auf dem Boden im Kinderzimmer abgelegt, der Große stand an der Tür und weinte, er könne nicht schlafen, das Baby weinte zu sehr und ich solle nicht sagen, dass ich es vor die Tür setzen würde.

Ich weiß nicht, wie wir diese Zeit überstanden haben. Irgendwann wurde es einfach langsam wieder besser. Aber ich denke, dass uns einfach geholfen hat, dass wir uns nahe waren, auch und gerade körperlich.«

Um die Mutter nicht allein zu lassen, schrie der Säugling. Er fühlte ihre Traurigkeit und Sorge. Durch ständiges Erwachen versicherte sich der Säugling, dass mit Mama noch alles in Ordnung ist. Instinktiv hat die Mutter richtig gehandelt. Sie hat versucht, trotz ihrer eigenen Sorgen das Baby durch ihre Nähe zu beruhigen. Das verlangt Kraft. Das Aussprechen ihrer ganzen Wut auf das schreiende Baby, worauf wir im Kapitel »Die Ambivalenz der Gefühle« noch genauer eingehen werden, half ihr dabei, eine beruhigende Mutter zu bleiben. Indem sie laut ausrief, dass sie das Kind am liebsten vor die Tür setzen würde, machte sie sich Luft und baute ihre angestaute nervliche Anspannung ab. Das sind Momente, die man wahrscheinlich nicht so schnell vergessen wird. Auch sie gehören zum Elternsein.

Ein Baby spürt ebenfalls sofort, wenn die Mutter depressiv ist, und bekommt daher Angst um sie. Anstatt ruhig zu bleiben, damit es die Mutter nicht noch mehr nervt, wird es sich im Gegenteil sehr lebhaft verhalten. Es versucht mit all *seinen* Mitteln, seine Mutter aus ihrer Depression zu holen. Dazu gehört auch Schreien. In gewisser Weise will es durch seine Aktivität die Mutter »beleben«. Ein Baby kann das beste »Medikament« für eine depressive Mutter sein, wenn ihr gleichzeitig auch ärztlich geholfen wird und die Familie zu ihr steht. Ansonsten läuft das Baby Gefahr, dass es durch das Scheitern all seiner Versuche der Mutter in die Depression folgt.

Dabei muss man den Babyblues nach der Geburt von einer schweren Depression unterscheiden. Der Babyblues ist ein vorübergehender Zustand, der einige Tage bis zu mehreren Wochen dauern kann. Wenn dieser depressive Zustand jedoch mehrere Monate nach der Geburt anhält, ist es wichtig, dass die Mutter ihre Depression anerkennt und sich selbst eingesteht, dass sie Hilfe braucht. Doch das ist nicht so einfach für eine Mutter, denn die Gesellschaft ermutigt sie nicht dazu. Schließlich erlebt sie in den Augen ihrer Mitmenschen gerade den schönsten Moment ihres Lebens. Dennoch, lässt man sich in diesem Moment von einem Spezialisten helfen, verschwindet die Depression sehr schnell und die Mutter ist bald wieder wohlauf. Das Baby übrigens auch.

Einschlafschwierigkeiten können also viele Ursachen haben. Von der Tatsache, dass das Kind mehr Zeit mit den Eltern am Abend verbringen möchte bis hin zu Ängsten bei den Eltern, für die eine Konsultation beim Spezialisten ratsam ist. Ein Baby kann seinen Eltern noch nicht erklären, warum es nicht einschlafen kann. Allerdings haben Kinderärzte in Frankreich neun- und zehnjährige Kinder befragt, aus welchen Gründen sie abends schlecht einschlafen können. Kinder in diesem Alter leiden abends unter Ängsten, weil sie von ihren Eltern heruntergemacht werden, sie sich unnütz und unfähig fühlen, Angst vorm Tod haben oder sie die Gewalt im Fernsehen nicht verkraften. Oft ist die Schlafenszeit nicht ihren Bedürfnissen angepasst. Die Eltern sind zu rigide und sehen nicht, wenn das Kind an bestimmten Abenden zu aufgewühlt oder besorgt ist, um wie immer zur selben Zeit einzuschlafen. Auch Lärm von der Straße, aus dem Fernseher und Streitereien der Eltern oder Nachbarn wurden als Ursache genannt. Viele Kinder schlafen noch immer mit ihrem Schlafhelfer ein, weil sie sich abends nicht sicher fühlen.

Auch wenn diese Gründe zu Einschlafschwierigkeiten vor allem bei älteren Kindern führen können, so reflektieren sie etwas, was auch auf Babys und Kleinkinder zutrifft: Das fehlende Gefühl der Sicherheit, wenn es Zeit ist, allein einzuschlafen.

In der Nacht gibt es kurze Momente, in denen Ihr Baby aufwacht. Dabei murmelt und gluckst es im Schlaf vor sich hin. »Vor sich Hinreden« und »Schreien« sind jedoch verschiedene Dinge. Vertrauen Sie daher auf Ihre innere Stimme. Warten Sie ruhig erstmal etwas ab. Dadurch geben Sie dem Baby die Chance, vielleicht allein weiterzuschlafen.

Nächtliche Ruhestörung

Mein Kind wacht nachts auf

Momente des nächtlichen Erwachens sind normal und meistens so kurz, dass das Baby nicht wirklich aufwacht und gleich wieder ohne Schwierigkeiten weiterschläft.

Wenn Sie also seine Töne hören, brauchen Sie nicht sofort zu ihm gehen, um nach ihm zu schauen.

Dauern sie jedoch an und merken Sie, dass es nicht weiterschlafen kann, dann gehen Sie zu ihm. Besonders wenn Ihr Baby weint oder schreit, ist es besser, Sie schauen sofort nach ihm, damit es sich in sein Weinen nicht unnötig hineinsteigert. Wenn Sie bei Ihrem Baby sind, machen Sie lieber nicht das Licht an, denn Sie könnten es gänzlich aufwecken. Jetzt heißt es herauszufinden, was ihm fehlt. Meistens werden Sie schnell entdecken, warum Ihr Baby unruhig ist, so wie in den folgenden Beispielen.

»Auch mein Baby hat Phasen, in denen es nachts öfters weint. Oft im Schlaf! Und warum? Weil es seinen Schnuller verloren hat (…) ich stecke den dann einfach wieder hinein und schon ist es ruhig«, sagt Katja, 22.

»Da ich weiß, dass meine Tochter, 14 Monate, meistens Pipi machen muss, wenn sie nachts aufwacht, setze ich sie auf ihr Töpfchen und sie erleichtert sich. Danach lege ich sie noch

kurz an, sie schläft dann weiter – und ich nicke auch sehr schnell wieder ein. Es ist auch schon öfters vorgekommen, dass sie nach dem Pipimachen sofort einschläft«, erklärt Anja, 36.

Nicole, 23, hat folgende Erfahrung gemacht: »Wenn Paul, acht Monate, nachts wach wird, werde ich es meistens nur im Halbschlaf. Er will dann gestillt oder zur Toilette gebracht werden.«
Auch der kleine Lennard hat die eben angesprochenen Bedürfnisse, wie es uns Sonja, 21, erzählte: »Lennard wacht entweder auf, weil er gerade Pipi macht oder weil er gestillt werden will. Nachdem er getrunken hat, schläft er ohne Probleme wieder ein.«

Auch für Maike, 31, gehört die nächtliche Fürsorge zu ihren Elternaufgaben: »Schlafen die Kinder unruhig oder wachen auf, ist immer jemand von uns zur Stelle. Es wird kurz abgewartet, ob es ein Weinen nur aus einem Traum heraus ist oder aber das Kind wach ist. Unsere Kinder werden bei nächtlichem Aufwachen oder Weinen immer getröstet und in den Arm genommen und beruhigt. Hören wir eines unserer Kinder, dann taucht immer gleich die Frage auf, was nun ist, woran es liegt, wie wir helfen können. Eine gewisse Unruhe ist dann da, die den inneren Drang hat, das Kind wieder friedlich und zufrieden schlafend zu sehen. In der Gewissheit, es ist alles gut. Wenn es unseren Kindern gut geht, dann geht es automatisch auch uns gut.«

In vielen Fällen werden Eltern sehr schnell erkennen, was ihr Kind am Wiedereinschlafen hindert. Ihre tägliche Erfahrung hilft ihnen dabei. Sie können das Kind beruhigen, weil sie sofort wissen, was ihm fehlt und wie sie reagieren müssen, um ihm zum Weiterschlafen zu verhelfen. Dadurch sind sie selbst ruhiger, und das nächtliche kurze Aufwachen ihres Kindes ängstigt sie nicht.

Babys und Kleinkinder wachen aus unterschiedlichen Gründen auf, die altersabhängig sind.

Ursachen nächtlichen Aufwachens

- Trennungsangst
- Albträume
- Beunruhigende Träume
- Hungergefühl (bei kleinen Babys)
- Das Baby ist nass
- Dem Baby ist zu warm oder zu kalt
- Das Baby bekommt Zähne
- Die Raumtemperatur ist zu hoch oder zu niedrig
- Erkältungen wie Schnupfen, Halsschmerzen, Ohreninfektionen etc.
- Allergien, die die Atemwege reizen

Wacht Ihr Kind auf, weil es nass ist, wechseln Sie selbstredend die Windeln. Ist ihm warm, schauen Sie nach der Raumtemperatur. Doch diese Handgriffe allein werden dem Kind nur sel-

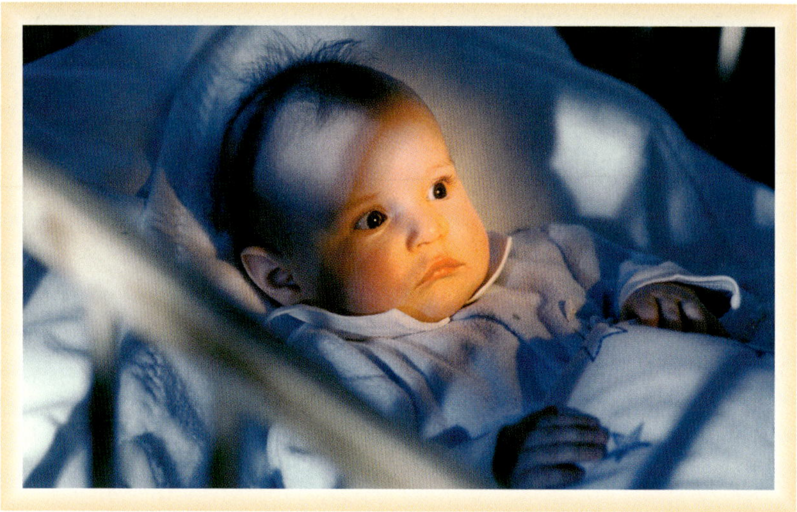

Huch, ich bin ja schon wieder munter. Nächtliches Erwachen bei Kleinkindern ist normal, das Wiedereinschlafen hingegen nicht so leicht.

ten sofort zum Weiterschlafen verhelfen. Wichtig für das Kind, gleich welchen Alters, ist, dass Sie noch etwas bei ihm bleiben und es beruhigen. Wie? Das liegt auch ein bisschen an den Eltern herauszufinden, was bei ihrem Kind wirkt. Zum Beispiel leise zu dem Kind sprechen, es wiegen, sich neben es legen, es mit zu sich ins Bett nehmen, es herumtragen, zärtlich zu ihm sein – hier heißt es etwas herumzuexperimentieren. Gemeinsam mit dem Kind wird jedes Elternteil herausfinden, wie es das Kleine beruhigen kann. Versuchen Sie einfach mehrere Varianten und haben Sie Vertrauen zu sich.

Akzeptieren Sie auch, dass Sie vielleicht nicht sofort Erfolg haben werden. Auch das ist normal. Es braucht Zeit, sein Kind kennen zu lernen. Und was das Kind im Alter von sechs Monaten beruhigt hat, wird höchstwahrscheinlich ein paar Monate

später nicht mehr ausreichen. Entwickeln auch Sie sich mit Ihrem Kind. Lernen Sie, mit seinen Bedürfnissen zu wachsen.

Wichtig ist vor allem, dass Eltern Vorurteile ablegen, wie »Man soll nicht das oder jenes tun, das verzieht oder verwöhnt das Kind!« Wenn Sie merken, dass Ihr Kind sich nur beruhigt, wenn Sie es zum Beispiel in der Nacht mit zu sich ins Bett nehmen, dann ist das das Richtige und der Situation angemessen. Hat es nur den Schnuller verloren und kann ohne ihn nicht einschlafen, geben Sie ihn ihm zurück. Merken Sie, dass Ihr Kind gestillt werden will und sich nur so beruhigen kann, dann geben Sie ihm die Brust. Egal wie alt es ist.

Wählen Sie die Methode, mit der Sie bei Ihrem Kind Erfolg haben, so wie zum Beispiel Sabine, 34: »Mein Jan sollte niiiiieeee ins Ehebett – darüber herrschte zwischen mir und meinem Mann absolute Einigkeit. Aber der junge Mann wollte nicht in seinem Bett bleiben – also schlief er in der Softtasche vom Kinderwagen neben unserem Bett. Aber auch da weinte er nach fünf Minuten wieder. Irgendwann war mein Mann es leid, dass alle 15 Minuten der Schnuller weg war und das Kind weinte. Also nahm ich ihn zum Stillen mit ins Bett, statt nach den guten Vorsätzen im Kinderzimmer auf dem eigens angeschafften Schwingsessel zu campieren. Kurzum, mein Sohn war sehr schnell – und sehr zufrieden – bei uns im Ehebett gelandet. Dafür aber auch friedlich und lieb, nur vor den großen Entwicklungsschüben merkte ich, das er nachts unruhiger war und häufiger Körperkontakt suchte.«

Ratschläge über Ratschläge …

Niemand bekommt davon wohl so viele gut gemeinte wie junge Mütter. Großeltern, Freunde, selbst wildfremde Menschen geben zum Babyschlaf alle möglichen Tipps. Leuchten Ihnen die Ratschläge ein und bedeuten sie keine Gefahr, testen Sie sie ruhig bei Ihrem Kind aus. Klappt es nicht, dann ist das auch nicht weiter tragisch. Und was bei Ihnen als Kind funktioniert hat, wird nicht unbedingt bei Ihrem eigenen Kind beruhigend wirken. Fühlen Sie sich deswegen nicht frustriert und hilflos. Vertrauen Sie auf sich. Sie werden eine Lösung finden. Jedes Kind hat nun mal andere Bedürfnisse.

Manchmal ist es dennoch schwierig zu erkennen, warum das Baby schreit. Nächtliches Erwachen hat aber immer einen Grund. Auch wenn er vielleicht den Eltern erst einige Tage später einleuchten wird. Ab dem vierten Monat kann es zum Beispiel passieren, dass das Baby spürt, dass es bald Zähne bekommen wird. Also etwa zwei Monate bevor die Zähne wirklich kommen. Die Schmerzen im Zahnfleisch wecken das Baby nachts auf. Doch für die Eltern ist kein sichtlicher Grund vorhanden. Ohreninfektionen können sich ebenfalls ein oder zwei Tage vorher durch nächtliches Schreien ankündigen. Achten Sie darauf, ob Ihr Baby nicht mehr flach liegen will. Bewahren Sie auch in Situationen Ruhe, wo Sie nicht gleich wissen, warum der oder die Kleine schreit. Für Ihr Baby ist es am wichtigsten, dass Sie bei ihm sind. So wird es sich beruhigen, bis es wieder in den Schlaf findet. Schreit es aber viel intensiver als

sonst und Sie haben das Gefühl, dass Ihr Baby ernsthaft krank sein könnte, ist es ratsam, den Arzt um Rat zu fragen.

Oft sind die äußeren Lebensumstände Grund für das nächtliche Erwachen eines Kindes, wie bei Sina. Ihre Mutter Dora, 27, bat uns um Hilfe:

»Meine kleine Maus heißt Sina und ist eindreiviertel Jahre alt. Sie ist ein sehr aufgewecktes Kind. Von Geburt an haben wir es bis heute nicht geschafft, dass sie mal eine ganze Woche oder nur ein paar Tage am Stück durchschläft. In meiner Elternzeit war dies auch noch gut zu kompensieren, aber seitdem ich wieder berufstätig bin, habe ich manchmal Mühe, mich auf beides voll zu konzentrieren, ohne dabei vor Erschöpfung bzw. Müdigkeit total entnervt zu sein. An meiner familiären Situation liegt es nicht, dass sie so unruhig schläft. Wir leben auf dem Land, mit Haus, Hund und Katze zusammen. Mein Lebensgefährte arbeitet im 24-Stunden-Schichtdienst, ist aber doch häufig zu Hause. Ich selbst bin 30 Stunden pro Woche angestellt. Sina geht seit ihrem ersten Lebensjahr in eine Kitaeinrichtung mit etwa 20 Kindern im Alter von einem Jahr bis zur Einschulung. Sie fühlt sich dort sehr wohl und mit dem Mittagsschlaf klappt es auch super ohne ihren Schnuller, Teddy oder Ähnliches.

Zu Hause geht nichts ohne ihren Schnuller und ihren heiß geliebten Einschlafteddy. Da sie sehr früh aufstehen muss, so kurz vor 6 Uhr, muss sie abends zwischen sechs und halb sieben Uhr ins Bett. Ich lese ihr dazu eine Fünf-Minuten-Geschichte vor. Vorher essen wir zusammen Abendbrot, gehen duschen oder baden, Zähne putzen, eincremen, Schlafanzug an, Küsschen für Papa und Mama und ab ins Bett. Geschichte vorlesen, dann noch ein Küsschen. Das Einschlafen funktioniert auch recht gut, außer dass sie teilweise eine halbe Stunde bis eine Stunde vor sich hinerzählt.

Wenn sie dann eingeschlafen ist, dauert es meist bis halb zehn Uhr, bis sie das erste Mal wach wird. Dann hat sie gerade ihren Schnuller verloren, möchte was zu trinken und Ähnliches. Dabei wird sie nicht aus dem Bett genommen, was auch in vielen Ratgebern befürwortet wird. Diese Prozedur wiederholt sich so zwei bis sechs Mal in der Nacht. Das ging bis vor etwa einem Monat so. Dann bekam sie heftigen juckenden Hautausschlag mit der Folge, dass wir noch öfters zu ihr mussten. Es wurde bei ihr Neurodermitis festgestellt. Nach Befolgung der Ratschläge der Hautärztin geht es jetzt wieder besser, aber es ist auch noch nicht ganz optimal. Im Moment wird sie nur etwa ein bis drei Mal pro Nacht wach. Zumindest hat meine innere Stimme registriert, wann es wirklich Not tut, zu ihr zu gehen, und wann nicht. Sie gibt auch nicht eher Ruhe, bis jemand bei ihr ist. Teilweise müssen wir sie auch mit in unser Bett nehmen, wo sie nochmal kurz kuschelt oder uns unterhält. Meist dauert dies nicht sehr lange, bis sie dann anfängt zu spielen und zum Lichtschalter will, der sich genau über unserem Bett befindet. Dann bringe ich sie wieder zurück in ihr Bett in der Hoffnung, dass sie weiterschläft.

Wenn ich Berichte von den anderen Müttern höre, bekomme ich echte Zweifel, ob wir alles richtig gemacht haben,

oder ob wir irgendeinen Trick nicht kennen. Aber schreien lassen oder immer in unser Bett halte ich persönlich nicht für richtig. Deshalb habe ich diese Methoden auch nicht durchgehalten oder nie ausprobiert. Die Zeitmethode war bei uns auch ein Reinfall, da wir nach eineinhalb Stunden immer noch keine Ruhe hatten, am nächsten Tag unsere Tochter hohes Fieber bekam und sich diese Methode ja nur aufs Einschlafen orientiert. Ich kann nur hoffen, dass es sich langsam bessert.«

Sinas nächtliches Erwachen könnte mehrere Gründe haben. Zum einen wird sie sicherlich viel zu früh ins Bett gebracht. Nicht ihr eigener biologischer Rhythmus bestimmt die Schlafens- und Aufwachzeit, sondern äußere Faktoren. Hinweis auf dieses zu frühe Ins-Bett-Bringen ist, dass Sina noch über eine Stunde lang in ihrem Bettchen wach liegt und zu sich selbst spricht. Die Eltern möchten aber, dass ihre Tochter um 18 Uhr einschläft, weil sie auch wieder früh aufgeweckt wird. Etwa gegen 6 Uhr morgens. Sie haben sich vielleicht bei der Festlegung der Schlafenszeit an der Vorstellung orientiert, dass ein Kind mindestens 12 Stunden Schlaf braucht. Weder beim Einschlafen noch beim Aufwachen wird Sinas innere Uhr respektiert. Doch was tun, wenn beide Eltern eben nun mal sehr früh zur Arbeit müssen? Arbeitgeber haben kaum Verständnis, wenn der Vater oder die Mutter jeden Morgen zu spät zur Arbeit kommen, weil das Kind noch nicht richtig ausgeschlafen hat.

Dass beide Eltern arbeiten und deshalb nicht genug Zeit für ihr Kind hätten, ist kein Grund, dass Kinder nachts aufwachen.

In Frankreich ist es Alltag, dass beide Eltern berufstätig sind. Wichtig ist, dass die Kinder weiterhin eine positive Bezugsperson haben, die sich um sie tagsüber kümmert. Das können Opa und Oma sein, eine Verwandte, Freunde, ein Babysitter oder die Ganztagesbetreuung. Natürlich ist es schöner für ein Kind, seine Mutter bei sich zu haben. Nicht alle Haushalte aber können sich das leisten. Und falls eine Frau es vorzieht, ihre Mutterrolle mit ihrem Beruf zu vereinbaren, so sollte das respektiert und ermöglicht werden. Gibt eine Mutter mehr oder weniger unfreiwillig ihren Beruf für das Kind auf, kann sich das mitunter negativ auf die Mutter-Kind-Beziehung auswirken. Die Mutter fühlt sich frustriert und in ihre Mutterrolle hineingezwungen. Das ist weder gut für sie noch für das Kind.

Kinder von arbeitenden Eltern leiden aber, wenn die Zeit, die sie mit ihren »wiedergefundenen« Eltern am Abend vorm Schlafengehen verbringen, zu kurz für ihre emotionalen Bedürfnisse ist. Bei Sina könnten sich Trennungsängste durch nächtliches Erwachen äußern. Dass die Kleine in ihrem eigenen Zimmer schläft, verstärkt für sie besonders die Trennungsängste. Möglicherweise wacht sie nachts auf, um sich ihre Eltern »zurückzuholen«. Instinktiv müssen die Eltern gespürt haben, dass Sina ihre Nähe sucht. Sie holen ihre Tochter zu sich ins Bett, aber da findet die Kleine auch keine Ruhe. Sie will nicht weiterschlafen, sondern mit Mama und Papa spielen. Sina will die versäumte Zeit nachholen.

Seit kurzem leidet Sina an Neurodermitis. Bei dieser Erkrankung produziert das körpereigene Immunsystem heftige Abwehrreaktionen gegen prinzipiell harmlose Stoffe aus der Umwelt (beispielsweise Nahrungsmittel oder Pollen), so genannte Allergene. Hauptsächlich sind also Umweltfaktoren die Ursa-

che. Aber auch psychischer Stress kann diese Hautkrankheit auslösen. Es ist gut möglich, dass Sina sehr sensibel ist. Vielleicht ist die Neurodermitis bei Sina ein körperliches Alarmsignal – ein Zeichen für ihre Trennungsängste.

In Situationen wie bei Sinas Eltern ist es wichtig, dass man sich als Eltern keine Vorwürfe macht. Oft hat man zu wenig Distanz, um zu erkennen, was dem eigenen Kind fehlt und warum es nachts aufwachen könnte. Bei anderen Kindern sieht man das oftmals viel schneller. Die Tochter sollte später ins Bett gebracht werden. 18 Uhr ist definitiv zu früh, noch dazu für ein fast zwei Jahre altes Kind. Auch wenn die Kleine früh aufgeweckt wird. Wenn Sina zwei bis sechs mal nachts aufwacht, sind ihre Nächte ohnehin kurz, und sie übersteht den Tag trotzdem recht gut. Der Nachmittagsschlaf hilft ihr jetzt schon, das nächtliche Schlafdefizit wieder wettzumachen. Die Eltern sollten einfach mal ausprobieren, wann Sina wirklich Müdigkeitsanzeichen zeigt. Anstatt über eine Stunde allein wach im Bettchen zu liegen, könnte Sina diese »verlorene« Zeit bei Mama und Papa verbringen. Von heute auf morgen wird eine angepasste Schlafenszeit nicht herauszufinden sein. Hier heißt es erst einmal, sein Kind zu beobachten. Und sich gegebenenfalls auch ruhig Rat von Dritten einzuholen, die möglicherweise einen neutralen Blick für die Situation haben. Helfen kann hier auch das Schlafprotokoll, das sich im Anhang dieses Buches befindet. Möglicherweise wird das Kind die ersten Abende aufgedreht sein, denn endlich kann es länger bei Mama und Papa bleiben. Und das ist genau der zweite Punkt. Die Eltern könnten sich und ihrem Kind mehr Zeit gönnen. Wenn sie arbeiten, haben sie es abends oft genauso schwer, sich von ihrem Kind zu trennen, wie das Kind. Eine zu frühe

Schlafenszeit lässt der Kleinen kaum die Möglichkeit, bei ihren Eltern zu sein. Umgekehrt ist das genauso. Mit einer späteren Schlafenszeit würde man Respekt gegenüber der inneren Uhr des Kindes und seinen Trennungsängsten zeigen und so die Ursachen des nächtlichen Erwachens bei Sina möglicherweise beheben können. Falls die Eltern damit einverstanden sind, könnten sie auch versuchen, ihre Tochter in einem Bettchen bei ihnen im Zimmer schlafen zu lassen. Wacht Sina in der Nacht auf, ist sie schneller zu beruhigen, und für die Eltern ist es mit weniger Stress verbunden. Ihr Bettchen steht ja gleich neben dem ihren. Dabei braucht man nicht zu befürchten, dass das Kind für immer im Elternzimmer schlafen wird. Es ist auch kein Schritt *zurück*. Eltern gehen dabei nur auf die aktuellen emotionalen Bedürfnisse des Kindes ein. Wichtig ist vor allem, dass man Kinder nicht unnötig schreien lässt. Egal ob tagsüber oder nachts.

Albträume

Albträume führen bei zwei- bis fünfjährigen Kindern oft dazu, dass sie schreiend oder weinend aufwachen. Aber auch schon kleine Babys können Albträume haben. Nur wissen wir nicht, ob sie schlecht träumen, solange sie noch nicht sprechen können. In der Regel werden im Traum die Erlebnisse und Erfahrungen des Tages verarbeitet. Träumen Kinder von Monstern oder bedrohlichen Situationen, wachen sie aus dem REM-Schlaf oder leichten Schlaf auf. Da sie aber noch nicht so gut den Traum von der Realität unterscheiden können, endet der Albtraum nicht mit dem Erwachen. Sie haben weiterhin Angst.

Was ist, wenn all die bösen Geister wirklich unter dem Bett sind? Kinder fürchten sich im Dunkeln und beginnen zu weinen. Manchmal sind sie sogar unfähig, das Bett zu verlassen und verstecken sich unter der Bettdecke, so lebendig sind die Schreckensfiguren aus dem Traum, deren Schatten durchs Kinderzimmer geistern. Das Bett wird zur Zufluchtsburg.

Bei Albträumen ist es wichtig, auf die Ängste des Kindes einzugehen. Fragen Sie Ihr Kind, warum es schlecht geträumt hat. Glaubt Ihr Kind, dass die Hexe im Kleiderschrank steckt, nehmen Sie es an die Hand und schauen Sie gemeinsam mit ihm im Schrank nach. Nur so kann es sich wirklich wieder

Steckt da ein Monster unter meinem Bett? Häufige Albträume sind Zeichen für seelische Beunruhigung. Sprechen Sie deshalb mit Ihrem Kind über seine Träume.

beruhigen und bald weiterschlafen. Spricht das Kind noch weiter tagsüber von seinem Albtraum, fragen Sie es, ob es mal seinen Traum aufmalen will. Achten Sie dabei auf helle oder dunkle Farben. So können Sie in der Zeichnung vielleicht Hinweise auf die reale Angstquelle erkennen. Stellen Sie Ihrem Kind Fragen zur Zeichnung. Spielen Sie etwas Detektiv.

Man sollte aber Albträume und die damit verbundenen Ängste eines Kindes niemals als unsinnig abtun. Denn für das Kind sind die Ängste beklemmend und real.

Albträume sind nicht mit dem Pavor nocturnus, dem so genannten Angsterschrecken (night terrors), zu vergleichen. Angsterschrecken tritt zwischen dem dritten und dem achten Lebensjahr auf. Das Kind schreckt nach etwa ein bis drei Stunden Schlaf aus dem Tiefschlaf auf, sitzt aufrecht im Bett und schreit. Für die Eltern ist es unmöglich, das Kind zu wecken und zu beruhigen. Oft werden sie von ihrem Kind weggestoßen. Obwohl es die Augen weit aufgerissen hat, seine Gesichtsmimik Angst ausdrückt und der Puls rast, handelt es sich doch nur um ein partielles Aufwachen. Es kann bis zu 30 Minuten dauern, bis das Kind sich wieder entspannt und weiterschläft. In der Regel beruhigt es sich aber nach spätestens 15 Minuten. Manchmal wacht das Kind plötzlich von allein auf. Es weiß aber nicht, was mit ihm passiert ist, und kann sich auch am nächsten Morgen an nichts mehr erinnern.

Angsterschrecken kann durch Stress und Übermüdung ausgelöst werden. Auch wenn es sehr schauerlich wirkt: Es handelt sich hierbei um ein normales Schlafphänomen und nicht um eine psychische Störung. Die Eltern sollten sich in diesem Fall versichern, dass das Kind sich genügend ausruht und tagsüber nicht unter zu starkem Druck steht.

Nächtliches Erwachen ist normal. Es ist eine Utopie zu glauben, dass das Kind immer nur durchschlafen wird. Es wird immer wieder Phasen geben, wo ein Kind aus physischen oder psychischen Gründen nachts weinend aufwacht. Jedes Elternpaar muss für sich herausfinden, wie es sein Kind zum Wiedereinschlafen bringen kann. Lassen Sie niemals Ihr Kind schreien. Auch wenn es zum fünften Mal nachts aufwacht, gibt es einen guten Grund dafür. Sonst würde es nicht ständig schreien. Helfen Sie Ihrem Kind, so gut es geht. Es wird Dank Ihrer Nähe schneller einschlafen und Sie auch.

Schreien und Weinen

Für ein Baby, das noch nicht sprechen kann, ist Schreien die einzige Möglichkeit, um auf sich aufmerksam zu machen. Von Geburt an kann es die Frequenz und Energie seiner Töne modulieren, um sein Unwohlfühlen auszudrücken. Auch Gefühlszustände wie Freude und Kummer werden dadurch seiner Umwelt vermittelt. Die akustischen Eigenschaften des Schreiens bewirken sofortige psychologische und physiologische Reaktionen beim Vater oder bei der Mutter. Auf das Schreien des Säuglings antwortet die Mutter meistens, indem sie ihm die Brust gibt. Nachts nehmen die Eltern oftmals ihr Kind mit zu sich Bett, um es zu beruhigen.

Schreien gehört wie das Anklammern und das Halten des Blickkontakts zum angeborenen Bindungsverhalten des Säuglings. Das heißt, er kann durch diese Reflexe eine Beziehung zu einem anderen Menschen eingehen und pflegen. Diese spezielle Beziehung nennt man *Attachment*-Bindung.

Die Qualität der Bindung zwischen Mutter und Kind ist für viele Forscher ausschlaggebend für die Qualität der Beziehungen, die wir später im Leben zu anderen Menschen eingehen werden. Hatten wir eine gute Bindung zu unserer Bezugsperson, so werden wir mit großer Wahrscheinlichkeit auch gesunde und ausgeglichene Beziehungen eingehen.

Die Attachement-Bindung

- Darunter versteht man eine andauernde emotionale Beziehung zu einer spezifischen Person.
- Diese Beziehung gibt Sicherheit, Schutz, Trost und Wohlbefinden.
- Verlust oder Androhung des Verlustes der Bezugsperson lösen intensive Stressgefühle aus.

Das Baby kann aber nur eine Beziehung zu seiner Bezugsperson eingehen, wenn diese seine Signale sieht und versteht. Menschen bzw. Eltern ist ein Verhalten angeboren, das es ihnen ermöglicht, die meiste Zeit auf diese Signale richtig zu reagieren und instinktiv auf die Bedürfnisse ihres Babys einzugehen.

Von Geburt an erlebt das Neugeborene, dass sein Schreien die Mutter motiviert, zu ihm zu kommen, um seine Bedürfnisse zu befriedigen. Diese Erfahrung ist überlebensnotwendig und wird sich dem Säugling für immer einprägen. Er gewinnt Vertrauen in sich, denn er kann sich selbst ausdrücken

und auf seine Umwelt einwirken. Der Säugling entwickelt dadurch zur Bezugsperson eine enge emotionale Bindung. Sie erlaubt ihm, neue Erfahrungen zu machen, wie zum Beispiel seine Umwelt zu erkunden und sich dabei sicher zu fühlen. Denn in Angstsituationen findet das Baby bei seiner Bezugsperson Schutz, Geborgenheit und Sicherheit. Dieses feinfühlige Mutter-Kind-Zusammenspiel ist Voraussetzung für das gesunde Gedeihen eines Kindes.

Mütter antworten unterschiedlich auf die Signale, insbesondere auf das Schreien, ihres Babys. Etliche Mütter gehen sofort zu ihrem Baby, wenn es schreit und schauen nach ihm. Sowohl tagsüber als auch nachts. Sie lassen es nicht erst eine Zeit lang warten. Auf eine Aktion folgt sogleich eine angepasste Reaktion. Dadurch wird das Baby nicht mit der beängstigenden Frage alleingelassen: »Kommt Mama oder kommt sie nicht?« Seine Bindungswünsche werden akzeptiert und vor allem verstanden, was folgende Elternaussagen verdeutlichen: »Ein Baby schreit, weil etwas nicht in Ordnung ist. Also muss man sich vergewissern, was ihm fehlt.« – »Meine Tochter schreit ja nicht zum Vergnügen.« – »Ein Kind sollte auf seine Mutter zählen können, sonst vertraut es uns nicht mehr.« – »Warum sollte ich mein Kind leiden lassen, wenn es mich braucht?«

Nicht immer läuft diese Mutter-Kind-Kommunikation so harmonisch ab. Man lässt das Kind erst mal schreien. Besonders tagsüber, aber auch nachts. »Schreien kräftigt die Lungen« oder »Schreien ist gut für seine Stimme«. Vergessen Sie diese überholten Annahmen. Wir hätten wohl sonst mehr Opernsänger, als uns lieb wäre … Bei unseren französischen Nachbarn sagt man sogar »Weine, dann pinkelst du weniger«. Auch das bezweifeln wir stark.

»Das Schreien eines Babys kündigt ein Unglück für seine Eltern an. Lassen Sie es lieber nie schreien.« (eine afrikanische Mutter)

In Afrika hingegen werden das Schreien und das Weinen des Babys als unverständlicher Dialog mit den Geistern verstanden, die Tod oder Geisteskrankheit über das Kind bringen können. Deswegen würden afrikanische Mütter niemals ihr Kind in der Nacht schreien lassen. Sie wollen es beschützen. Das Schreien wird auch als Beleidigung des beschützenden Geistes des Kindes befürchtet. Im Senegal wird das Entfernen des Babys von der Familie als Schwächung der ganzen Familie angesehen. Man achtet darauf, dass ein Baby niemals allein ist und man sofort auf sein Schreien antwortet. Den Manali-Müttern im Himalaja ist es ebenfalls verboten, ihr Kind schreien zu lassen. Besonders magisch-religiöse Einflüsse erklären die sofortige Reaktion der Eltern in Indien, Algerien oder Portugal auf die Signale ihrer Kinder. Dabei wissen sie nicht mal unbe-

dingt, welche positiven psychischen Auswirkungen diese auf ihr Kind haben können. Sie wollen einfach ihre Kinder beschützen. In manchen Ländern lässt man ein Kind nicht weinen, sonst würde es traurig werden und – im Sinne des Wortes – weinerlich.

Kultur wirkt also auf die Säuglingspflege ein und damit auf die Erziehung der Kinder. Auch finnische Mütter nehmen ihr Baby sofort in den Arm, wenn es schreit. Englische, amerikanische und holländische Mütter hingegen reagieren sehr spät auf das Schreien ihrer Kinder. Im Durchschnitt nach fünf bis 30 Minuten. Und das kann für ein Baby sehr lang sein. Auch wenn es nur fünf Minuten schreit. Die Wartezeit variiert je nach Intensität der Schreie. Es handelt sich hierbei um erzieherische Maßnahmen, die dem Kind beibringen sollen, sich selbst zu beruhigen und selbstständiger zu werden. Studien haben aber schon vor 30 Jahren bewiesen, dass Kinder im Alter von 12 Monaten gerade dann autonom sind, wenn auf ihre Bedürfnisse sofort eingegangen wurde und man sie nicht unnötig lange warten ließ.

Soeben haben wir gesehen, dass in manchen Erdteilen Mütter aus kulturellen Beweggründen sofort auf die Signale ihres Babys antworten. Auch in westlichen Ländern wurde das so gehalten. Allerdings vor Jahrhunderten. Es wurde zum Beispiel der Heilige Sankt Christopherus angebetet, damit er das schreiende Kind »heilt«. Oder man gab dem Baby das gekochte und gepfefferte Ei eines schwarzen Huhns. Auf jeden Fall ließ man früher auch im Westen Kinder niemals schreien.

Hat die heutige westliche Kultur ihre beschützende Funktion verloren? Die fehlende symbolische Bedeutung des Babyschreies in der westlichen Kultur hat möglicherweise mit dazu geführt, dass dieses Signal von den Eltern oftmals missverstanden und falsch gedeutet wird. Instinktiv möchten wohl alle Mütter dann sofort zu ihrem Kind gehen. Doch sie sind oftmals verunsichert, weil gesellschaftliche Einflüsse das Gegenteil von ihnen verlangen. Erst seit einigen Jahrzehnten glaubt man, dass »Schreien lassen« Kinder selbstständig macht.

Alexandra, 24, vertraute uns an: »Als Constantin wenige Monate alt war, habe ich ihn einmal 20 Minuten lang schreien lassen, weil er nicht einschlafen wollte. Ich stand vor der geschlossenen Kinderzimmertür, tränenüberströmt. Schließlich habe ich es nicht mehr ausgehalten. Ich bin in sein Zimmer gerannt, habe ihn aus seinem Bettchen genommen und getröstet. Nie wieder würde ich mein Kind so lange weinen lassen.«

Lena, 29, wurde von ihrer eigenen Mutter sogar als »hysterisch« bezeichnet, weil sie sofort auf das Schreien ihrer sechs Monate alten Tochter reagiert hat. Es bedarf viel Mut und Durchsetzungsvermögen, um gegen diese alteingesessenen »Vorschriften« anzukämpfen. Vertrauen Sie sich und Ihrem Instinkt. Bedenken Sie vor allem, dass Ihr Kind sich nicht selbst helfen kann und völlig von Ihnen abhängig ist. Wie sonst, außer eben durch Schreien, kann es sich denn Ihnen mitteilen?

Es gibt aber noch einen anderen Grund, warum Eltern lieber ihre Kinder schreien lassen. Dem Säugling wird unterstellt, er sei ein richtiger Starrkopf, der seine Eltern nur ärgern und tyrannisieren will.

Sylvia, 32, ist nur eine von vielen Müttern, die Angst haben, sie werden zum »Sklaven« ihres Kindes: »Mein Sohn muss kapieren, dass er mir nicht auf dem Kopf rumtanzen kann! Irgendwann muss auch er lernen, mit negativen Gefühlen umgehen zu können. Ich lass mich einfach nicht erpressen! Seine Schreie dürfen nicht zu einer Waffe werden.«

Schreie sind bestimmt keine Waffe. Es sind Hilferufe Ihres Kindes. Aber oftmals empfinden Mütter aus Erschöpfung und Müdigkeit die Schreie des eigenen Babys als Aggressionen. Kümmert man sich ganz alleine um sein Kind, kann das sehr schnell passieren. »Ich kann's nicht mehr hören« oder »ich ertrage sein Schreien nicht mehr«, sind dann die verzweifelten und auch gut verständlichen Aufschreie der Mütter. Sie fühlen sich von ihrem Kind »verfolgt«. Es gönnt ihnen keine ruhige Minute mehr. Es will ihnen Böses. Dabei lieben sie ihr Kind über alles. Die nervliche und körperliche Erschöpfung erlaubt es ihnen aber nicht, die Signale ihres Kindes richtig zu verstehen und zu beantworten.

Heidi, 37, erzählte uns, wohin die Überlastung führen kann: »Da ich im Haus arbeite, ist das Babyphone angestellt und kaum höre ich meinen Sohn Timo, 18 Monate, dann laufe ich auch schon hin, umarme ihn kurz oder gebe die Brust oder sage ihm, er solle weiterschlafen. Das dauert etwa fünf Minuten, und er ist wieder weg. Natürlich ist es für mich mittlerweile mehr als anstrengend, immer wieder meine Arbeit zu unterbrechen, denn ich führe ein Restaurant und Hotel. Aber irgendwie denke ich, dass er schlecht träumt oder zumindest unglücklich ist, denn wenn ich nicht schnell genug bin, dann sitzt er weinend im Bett oder steht sogar tränenüberströmt an der Tür – schrecklich! Ausgerastet in dem Sinne, dass ich an der Tür stehen bleibe und ihm regelrecht ihm Befehlston sage: ›Leg dich hin, schlaf weiter!‹, bin ich bis dato zweimal und ich habe mich schlecht gefühlt dabei, da ich wegen meiner Arbeit überlastet war und dadurch die Nerven bei meinem Sohn verloren habe.«

Heidi konnte auf Grund ihrer eigenen Erschöpfung nicht mehr ruhig wie sonst auf das Weinen ihres Sohnes reagieren. Man spürt in den Worten dieser Mutter, wie sehr sie ihr Kind liebt und auch sein Schreien im Normalfall richtig deuten und darauf reagieren kann. Stress und Müdigkeit sind die Ursachen ihres momentanen Verhaltens, das Heidi auch selbst ganz konkret analysiert hat. Situationen wie diese haben wahrscheinlich viele Mütter und Väter mit ihrem Kind erlebt. Sie dienen auch dazu, die eigenen Grenzen kennen zu lernen. Reaktionen wie die von Heidi sind menschlich und zeigen, dass man als Elternteil manchmal Unterstützung braucht. Damit beugt man weiteren abweisenden Reaktionen in ähnlichen Situationen vor. Denn wiederholt sich täglich das zurückweisende Verhalten der Mutter, wird dies vom Kind registriert und sein Bindungsverhalten verändert sich zunehmend. Seine Signale werden sich einschränken. Das Schreien wird schwächer und seltener, was

jedoch nicht unbedingt ein Zeichen dafür ist, dass das Baby selbstständiger geworden ist und sich endlich selbst beruhigen kann. Ihm wurde vielmehr anerzogen, dass seine Bedürfnisse nicht wahrgenommen werden und es unerwünscht ist. Es kommt daher zu einer unsicheren Bindung zur Bezugsperson. Geholfen werden muss hier aber in erster Linie den Eltern, vor allem der Mutter, wenn sie es ist, die sich vorwiegend um das Kind kümmert. Das bedeutet auf keinen Fall, dass man als Mutter versagt hat. Sie braucht einfach Hilfe und jemanden, der sie entlastet. Meistens zögert man, sich jemandem anzuvertrauen. Dabei hilft es oft schon, sich einfach mal auszusprechen, um sich von einer großen Last zu befreien. Man wird feststellen, dass die eigene Umgebung nichts von der Erschöpfung gewusst hat oder auch nur auf ein Signal gewartet hat, um zu helfen. Es gibt immer eine Möglichkeit, eine Mutter tagsüber und abends zu entlasten. Sie muss es nur zulassen.

Die Signale der Kinder zu verstehen ist sicher nicht leicht und kann die eigenen instinktiven Fähigkeiten überfordern. Meistens schreit der Säugling, weil er Hunger hat und sich allein fühlt. Mit der Zeit hat das Baby nämlich gelernt, sein Wohlgefühl durch lächeln, lallen oder Mimiken auszudrücken. Schreie und Weinen werden dadurch zu Notsignalen, wenn etwas fehlt. Babys schreien besonders viel um die 6. Lebenswoche. Forscher sind der Meinung, dass dies zur normalen Entwicklung des Säuglings gehört, denn es wird fast bei allen Babys beobachtet. Dennoch konsultieren die meisten Eltern gerade in dieser Periode den Spezialisten.

Haben Eltern wirklich Schwierigkeiten, das Weinen und Schreien Ihres Kindes zu interpretieren, dann sollten sie sich helfen lassen. Spezialisten können Eltern, die sich in diesem

Hallo Mami, hier bin ich! Kinder suchen ständig den Kontakt zu ihren Eltern. Schreien gehört auch dazu.

Fall sehr schnell allein und unverstanden fühlen, informieren und mit ihnen ihr Baby verstehen lernen. Glauben Sie aber niemals, dass Ihr Baby Sie nicht liebt und Sie durch sein Schreien ablehnt. Es braucht eben manchmal Zeit, um sich kennen und verstehen zu lernen.

Haben Sie ein Schreibaby?

Sie erkennen es daran, dass das Kind mehr als drei Stunden am Tag an mehr als drei Tagen pro Woche über mindestens die letzten drei Wochen schreit.

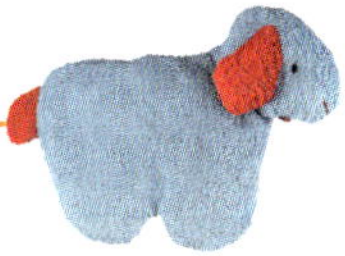

Warum schreit ein Baby?

- Das Baby hat Hunger
- Die Windel ist voll
- Das Baby ist müde
- Das Baby ist krank
- Das Baby hat Blähungen
- Das Baby hat Durst
- Das Baby schwitzt oder friert
- Das Baby ist einsam
- Das Baby »zahnt«

Eine Anlaufstelle für Eltern mit »Schreibabys« können so genannte Schreiambulanzen sein, die zum Teil Krankenhäusern angegliedert, zum Teil aber auch in Hebammenpraxen zu finden sind. In intensiven Gesprächen und mit der genauen Beobachtung des Babys hilft man dort den Eltern, die Signale ihres Kindes besser zu erkennen. Gleichzeitig besteht die Möglichkeit, in Gesprächen mit Psychologen die eigene Rolle als Mutter bzw. Vater zu erkennen und anzunehmen.

Wie Schreibabys Ruhe finden

- Säuglinge brauchen nicht die gleiche Bewegungsfreiheit wie Erwachsene. Enge ist ihnen vertraut und gibt ihnen Sicherheit. Fest in eine Decke gewickelt, am besten in Fötusstellung, wird sich ein schreiendes Baby, das keinen Hunger, Durst oder Schmerzen hat, schnell beruhigen. Manche Babys ertragen diese Enge jedoch nicht und strampeln. Ein Stillkissen, das man um den Kopf und den Oberkörper des Babys legen kann und das etwas nachgibt, ist eine weitere Möglichkeit, es zu beruhigen.

• Bitten Sie Menschen Ihres Vertrauens um Hilfe, um das Kind zu beruhigen. Wenn man selbst angespannt ist, ist es schwer, tröstend und lindernd zu wirken.

• Bitten Sie ganz konkret um Unterstützung und signalisieren Sie auch, dass Sie diese Hilfe wirklich brauchen. Sie werden sehen, wie sensibel Ihre Umgebung auf diese Bitten reagiert. Auch der Partner wird dankbar sein zu wissen, wie er Sie entlasten kann.

• Entscheiden Sie sich für eine Art, das Baby zu beruhigen, und bleiben Sie dabei, auch wenn Ihr Kind nicht sofort aufhört zu weinen. Wenn Sie immer wieder neue Dinge ausprobieren, findet das Kind keine Verlässlichkeit, es spürt die Unsicherheit der Mutter.

• Kontrollieren Sie das Babybett auf ablenkende Dinge wie Mobiles, Spieluhren und Ähnliches und verzichten Sie darauf. Machen Sie das Bettchen zur engen Kuschelzone, in dem das Kind Begrenzungen findet.

• Suchen Sie die Spezialisten einer Schreiambulanz auf. Kontaktadressen finden Sie im Anhang.

Die Ambivalenz der Gefühle

Ein Baby, das abends oder in der Nacht laut schreit und das mitunter stundenlang, kann die Nerven seiner Eltern ziemlich strapazieren. Alles was man sich dann nur noch wünscht ist,

das Schreien irgendwie abzustellen. Auch für die stärksten Eltern kommt der Zeitpunkt, wo sie nicht mehr weiter können und mit ihren Kräften am Ende sind. Dann kann es passieren, dass sie in diesem Moment eine ihnen bis dahin unbekannte Wut auf ihr Kind empfinden. Aber diese Aggressivität ist sehr schwer zu akzeptieren. Sie bringt sofort Schuldgefühle mit sich. Man wird sich auf einmal bewusst, dass man auf sein Baby, das man über alles in der Welt liebt, auch wütend sein kann. Es ist aber ganz normal, dass Eltern diese Wut empfinden. Gerade im Moment des Schlafengehens kann es schnell zu einem inneren Konflikt bei der Mutter oder dem Vater kommen. Einerseits möchte man, dass das Kind so schnell wie möglich einschläft, um sich selbst auszuruhen und endlich etwas Zeit für sich oder gemeinsam mit dem Partner zu haben. Andererseits ist es schwer, sein Kind zu verlassen, ohne sich dabei selbst verlassen zu fühlen. Verschiedene Gefühle und Emotionen kommen also bei den Eltern zusammen. Zum Beispiel Liebe, Zuneigung, Ängste, aber eben auch Wut, wenn nicht alles so klappt, wie man sich das nun mal vorgestellt hat. Besonders wenn das Schreien des Babys immer lauter wird und die Eltern müde und kaputt sind, können sie sich einbilden,

»Wie fühle ich mich, wenn er nicht gleich einschläft? Ommmmmm … ich bin gaaaanz entspannt … Ehrlich? In den seltenen Fällen, in denen das vorkommt, bin ich genervt. Sehr, sehr genervt. Aber weniger, weil er nicht schläft, sondern weil ich nicht die Kontrolle habe. Und … überhaupt«, gesteht Juliane, 28.

dass das Baby absichtlich so exzessiv schreit. Auch diese Reaktion ist normal, aber die Eltern müssen hier sofort gegensteuern und sich sagen, dass sie nur so empfinden, weil sie nervlich das Schreien nicht mehr aushalten.

Für das Verhalten in diesen Notsituationen sind die Texte der Wiegenlieder ein gutes Beispiel. In dem Wiegenlied *Schlaf, Kindlein, schlaf* haben wir gesehen, dass die Mutter den schwarzen Hund ruft, um ihr laut schreiendes Kind zu beißen. Schon hier ist klar zu erkennen, wie schwierig es ist, sich seine Wut auf sein Kind einzugestehen. Die Mutter würde ihr Kind niemals selbst schlagen. Sofort bereut sie im Wiegenlied ihren Wutausbruch und singt wieder mit sanften Worten ihr Kind weiter in den Schlaf.

Eltern könnten das mit ihrem Baby genauso halten. Wenn man das Weinen und Schreien des Babys nicht mehr ertragen kann, hilft es, mit Worten die mütterliche oder väterliche Not auszudrücken. Man spricht mit dem Baby. Es wird seine Eltern verstehen. Anschließend kann man das Baby wiegen und versuchen, sich und das Baby zu beruhigen. Anstatt Wut und Verzweiflung zu leugnen und zu verdrängen, sollten Eltern wie im Wiegenlied ihre Gefühle aussprechen. Auch einem älteren Kind kann man so verständlich machen, dass der Schlaf für seine Eltern unverzichtbar ist. Sprechen Sie ruhig, aber bestimmt.

Sich auszusprechen hindert die Eltern daran, dass ihnen vielleicht wirklich mal die Nerven durchgehen, sie ihr Kind anschreien und möglicherweise etwas tun, was eigentlich zu vermeiden wäre. Es beschützt die Eltern und ihr Kind. Wenn man trotzdem mal das Kind angeschrien hat, ist das nun auch nicht dramatisch. Kein Kind wird für sein Leben lang traumatisiert

sein, weil es von seinen Eltern mal angeschrien wurde. Viel genützt hat es aber sicher auch nicht. Also am besten vermeiden.

Auch das Gefühl der Einsamkeit kann zu dieser unerträglichen Wut auf sein Kind führen.

»Für ein Erstgeborenes und seine Mutter ist unsere Gesellschaftsform völlig ungeeignet«, philosophiert die Mutter des vierjährigen Karl und der einjährigen Merle. »Beide kommen aus einer Welt voller Anforderungen, voller Leben – schließlich bekommt das Baby im Bauch ja ungefiltert den Alltag der Mutter mit all seinen Geräuschen mit. Und plötzlich sitzen Mutter und Kind allein in ihrer Wohnung, abgeschnitten von der Normalität, so erschien es mir.«

Selbst wenn moderne Väter sehr aktiv bei der Pflege und Erziehung des Babys mithelfen, so kann sich die Mutter, trotz dieses positiven Einbringens des Vaters, sehr allein fühlen, wenn das Baby schreit. Mütter sind dem Schreien des Kindes viel mehr ausgesetzt als Väter, weil sie sich meistens allein den ganzen Tag lang um das Baby kümmern. 24 Stunden am Tag. Wenn es Abend wird, kann eine Mutter es mitunter gar nicht abwarten, dass das Baby endlich einschläft. Passiert das aber nicht sofort, wird die Mutter diese Weigerung viel stärker empfinden als der Vater. Auch das ist normal.

Wenn Sie diese Wut auf Ihr Baby spüren, sollten Sie Ihren Partner um Hilfe bitten. Lassen Sie ihn sich um das Zu-Bett-Bringen kümmern. So schaffen Sie zwischen sich und Ihrem Kind etwas Distanz, die Ihnen hilft, sich zu beruhigen.

Es kann sein, dass die Mutter in dieser Situation den Eindruck hat, dass sie in den Augen des Vaters ihrer Mutterrolle nicht gerecht wird. Dabei ist es ganz normal, dass eine Mutter am Abend auch mal übermüdet ist. Eine Frau, die sich den ganzen Tag um ihr Kind kümmert, und ein Vater, der acht Stunden arbeitet – für beide ist das ein voller Arbeitstag. Nur hat der Vater sein Kind seit dem Morgen nicht mehr gesehen. Er ist daher vielleicht etwas »frischer« und geduldiger mit dem Kind am Abend als die Mutter, die mit ihm den ganzen Tag zusammen war. Seinem Partner zu signalisieren, dass er gebraucht wird, ist grundsätzlich positiv. Er wird sich so seiner Vaterrolle bewusst.

»Wenn Janina, 12 Monate, Phasen hat, in denen sie schlecht einschläft, wird sie so lange gehalten, getragen, gewiegt, gestillt, bis sie ruhig wird und doch schläft. Wenn gar nichts geht, bleibt sie eben noch etwas wach, wir sehen ein Buch an, warten den nächsten Müdigkeitsanfall ab, meist 30 bis 45 Minuten später, und versuchen es erneut. Wenn sie nicht einschlafen kann, fühle ich mich in erster Linie besorgt, sie tut mir leid und wenn es sehr lange dauert, bin ich auch etwas genervt. Aber ich kann bisher immer noch ganz gut die Ruhe bewahren, ansonsten lasse ich mich von meinem Mann ablösen. Es MUSS jemand von uns bei ihr sein.«

Janinas Mutter hat ihre Grenzen kennen gelernt. Sie weiß, wann es besser für sie und ihr Kind ist, ihren Mann zu Hilfe zu rufen. Eltern sollten die aufkommende Wut, Genervtheit oder

Aggressivität als Signal nutzen, um früh genug die Notbremse zu ziehen. »Stopp! Hier geht's nicht mehr weiter. *Ich* komme hier nicht mehr weiter!« Hilfe sollte dann beim Partner, Freunden oder der Familie gesucht werden. Man kann auch mal ins Nebenzimmer gehen und einfach laut schreien, fest mit den Füßen aufstampfen oder einen Ball gegen die Wand schießen. Auch das hilft ungemein …

Sie sind nicht allein! Wenn Sie mit Ihren Nerven am Ende sind, bitten Sie um Hilfe.

Französische Mütter, die nicht arbeiten, haben die Möglichkeit, ihr Baby für ein oder zwei Vormittage in der Woche in die Kinderbetreuung zu geben. Auch Mütter, die nicht arbeiten, brauchen ab und zu Zeit für sich, um sich zu erholen. In Deutschland wird dieses Problem unterschätzt. Mutter zu sein wird nicht immer als Arbeit eingestuft. Weder in Deutschland noch in Frankreich. Diane, 34, lebt in Paris und hat einen 15 Monate alten Sohn. Kürzlich traf sie sich mit ihren ehemaligen Arbeitskolleginnen. Als Diane ihnen erzählte, dass sie zur Zeit nicht arbeiten und sich um ihren Sohn kümmern würde, schauten die anderen Frauen sie fragend an und sagten im Einklang, »Du tust also nichts?!«

Dabei ist der Job als Mutter vielleicht der härteste, den es gibt. Eine Mutter kann nicht einfach am Abend die Tür hinter sich zuschlagen und Feierabend machen. Da gibt es keinen Arbeitsanfang und kein Arbeitsende. Auch kein Wochenende oder einen freien Tag. Sieben Tage die Woche arbeitet eine Mutter. 365 Tage im Jahr. Und das jahrelang. Man hört ja nicht einfach auf, Mutter zu sein. Für eine übermüdete und gestresste Mutter kann das zu einer aussichtslosen Situation werden. Besonders im ersten Jahr kann sich eine Mutter schlecht Ferien von ihrem Baby nehmen. Dennoch ist es wichtig, dass auch eine Mutter etwas Zeit für sich hat, um sich auch mal um sich selbst zu kümmern. Sich selbst eine Auszeit und einen persönlichen Freiraum zu erlauben gewährt auch dem Baby den für seine Entwicklung notwendigen Freiraum.

In Deutschland ist es aber die Pflicht der Frau, sich besonders die ersten drei Jahre selbst um ihr Kind zu kümmern. So erwartet es die Gesellschaft von ihr. Kulturell wird das bestätigt. Für die Entwicklung des Kindes ist das bestimmt gut. Es

wäre aber auch schön, wenn man als Mutter zwischendurch die Möglichkeit hätte, zu verschnaufen. Für eine ausgeglichene Mutter-Kind-Beziehung wäre das von Vorteil. Wenn Sie merken, dass Sie mit Ihren Nerven am Ende sind, gönnen Sie sich einen freien Vormittag oder Tag. Danach werden Sie sich sogar wieder auf Ihr Kind freuen.

Es gibt keine perfekten Eltern. Und man wird es nie schaffen, die Bedürfnisse eines Kindes zu 100 Prozent zu befriedigen. Das ist aber nicht schlimm. Ein Baby entwickelt sich dank der Liebe und Fürsorge, die ihm seine Eltern schenken. Doch auch ihre momentanen Schwächen helfen ihm, langsam selbstständiger zu werden, und geben ihm die Möglichkeit, neue Erfahrungen zu machen. Wenn die Mutter müde ist, wird das Baby versuchen, sich selbst zu beschäftigen. Ein Baby verfügt über Ressourcen. Man sollte ihm vertrauen und auch zutrauen, dass es kurz allein auskommt, wenn man mal selbst erschöpft ist. Nur wenn die Schwächen der Eltern sich häufen und das Kind vernachlässigt wird, muss gehandelt und den Eltern und dem Kind geholfen werden. Zeitweise Schwächen der Eltern sollten also nicht nur als negativ angesehen werden. Sie haben auch eine gute Seite und können dem Baby als »Motor« zu seiner Weiterentwicklung dienen.

Die Ambivalenz der Gefühle ist keine deutsche Charakteristik. Alle Eltern verhalten sich ambivalent ihrem Kind gegenüber. Sie lieben ihr Kind und manchmal sind sie auf es wütend. Spezifisch ist aber, *wie* sich diese Ambivalenz beim Ins-Bett-Bringen des Kindes ausdrückt. Wichtig ist vor allem, dass Eltern ihre Wut auf ihr Kind nicht leugnen. Sie sollten versuchen zu erkennen, in welchen Situationen und Momenten sie eine gewisse Aggressivität verspüren. So geben sie sich die Möglichkeit, einen Weg aus dieser Sackgasse herauszufinden, denn Wut blockiert ihr Handeln. Sie ist nur kontraproduktiv. Es ist wichtig, eine eigene Strategie zu finden, um das Kind und sich selbst vor dieser Wut zu schützen. Entweder durch aussprechen oder Suche nach Hilfe beim Partner, bei Freunden, der Familie, dem Psychologen etc. Nur wenn man sich diese Wut bewusst macht, gelingt es einem, dieses unangenehme, aber normale Gefühl so schnell wie möglich abzubauen.

Alle Eltern möchten ihrem Kind die besten Eltern sein. Sie möchten für ihr Kind das Paradies auf Erden. Dabei haben sie einen enormen Überanspruch an sich, der sie nach und nach überfordert. Es fehlt die Großfamilie, die Unterstützung der Gesellschaft, und auch wenn die heutigen Väter viel aktiver bei der Babypflege mithelfen, so sind sie tagsüber doch selten Zu Hause. Das Stillen, sich ständig Gedanken um sein Baby zu machen, das Schreien und Weinen – das alles kostet Kraft. Manchmal ist es deshalb wichtig, etwas Luft aus seinem Ideal rauszulassen. Man kann nicht immer perfekt reagieren. Perfektionismus ist eine Riesenfalle. Verlangen Sie nicht mehr von sich, als Sie geben können. Die Babys der letzten Generationen haben nicht immer viel bekommen. Zwei Weltkriege und die Nachkriegszeit waren keine guten Voraussetzungen für rundum rosige Kindheiten. Was sind das für Ressourcen, von denen wir so viel verlangen? Denn wichtig ist auch die eigene psychische Struktur. Was hat man selbst als Kind mitbekommen? Man sagt sehr oft: »Man kann nicht mehr geben, als man bekommen hat.« Doch, man kann immer etwas *mehr* geben, als man bekommen hat. Aber die absolute Wiedergutmachung kann man nicht erwarten. Kinder brauchen keine Super-Eltern. Sie sind schon glücklich, wenn die Eltern »gut genug« sind.

Die innere Stimme

»Mein Sohn Joshua ist inzwischen drei Jahre alt. Er kam im April 2002 per Not-Kaiserschnitt zur Welt. Zuerst lag er in seinem Krankenhausbettchen – aber wahrscheinlich war die Geburt für ihn genauso traumatisch wie für mich. Jedenfalls fing er sofort an zu weinen, sobald er in diesem Bettchen lag. Das war vor allem schwierig für mich – denn neben den frischen OP-Schmerzen kam hinzu, dass ich körperlich unfähig war, meinen Sohn ständig aus seinem Bett herauszuholen und wieder hinein zu legen. Neben der körperlichen Erschöpfung fühlte ich deshalb noch eine seelische Erschöpfung, sowie akuten eigenen Schlafmangel.

An seinem siebten Lebenstag endlich hörte ich auf meinen Bauch und nicht auf die Ratschläge der Schwestern und nahm meinen Sohn kurzerhand zu mir ins Krankenhausbett. Das Wunder geschah: Ich bekam endlich Schlaf, ich konnte meinen Sohn immer stillen, wenn er es brauchte, und er schlief auch.

Obwohl ich eher konservativ erzogen wurde, bevorzuge ich positive Erziehungskonzepte bei meinen Kindern und glaube an die ›Stimme im Bauch‹ – gerade bei der Kindeserziehung«, erzählt Melanie, 26.

Unser Gehirn besteht aus zwei Hälften. Die linke Gehirnhälfte ist hauptsächlich für rationales Denken (Logik und Wörter) sowie für analytische und mathematische Prozesse verantwortlich. Hier sitzt wohl auch der »gesunde Menschenverstand«, der es vorzieht, sich auf Tatsachen und ihre Zusammenhänge zu berufen, wenn es darum, geht ein Problem zu lösen. »Rational« leitet sich ab vom Lateinischen rationalis – »zur Vernunft, zur Rechnung, Berechnung gehörig«. Und »vernünftig« zu handeln wird uns von klein auf abverlangt. Zu Hause, im Kindergarten, in der Schule … Der Mensch bevorzugt also bei dieser Art von Denken die linke Hälfte des Gehirns.

Woher kommen aber unsere unerklärlichen Vorgefühle und Ahnungen, die das rationale Denken so oft in Frage stellen? Intuition, Kreativität, Symbole und Gefühle werden von der rechten Gehirnhälfte steuert. Sie sendet uns die Signale, die wir als »innere Stimme« erkennen. Dieses Denken beruht auf bildhaften, unbewussten Eindrücken. Uns erscheint es als inneres Bild, als Ahnung, als Traum oder Eingebung.

Rationales Denken und innere Stimme könnten miteinander besser harmonieren, wenn unser Verstand die eigene Intuition als Argument zulassen würde. Doch viele tun sie als Einbildung ab. Die Fähigkeit, sich auf seine innere Stimme zu verlassen, wird leider schon sehr früh vernachlässigt. Sie begleitet uns zwar unser ganzes Leben lang, doch leuchtet uns diese nur »fühlbare Logik« meistens erst im Nachhinein ein. »Ich habe es gefühlt«, »Irgendwie war ich mir dessen sicher« oder »Hätte ich doch nur auf mich gehört« … Wie oft haben wir das schon zu uns gesagt? Aber gerade weil Intuition auf Gefühlen und nicht auf greifbaren Tatsachen beruht, wird sie in unseren Augen oftmals zum schlechten Ratgeber. Wir überlegen, rätseln hin und her, das unsagbare Gefühl im Bauch ist so stark, und dann schaltet sich doch wieder das rationale Denken ein und verdrängt die innere Stimme in ihre rechte Gehirnhälfte zurück. Und wie oft haben wir uns dann falsch entschie-

den? Selbst diese häufige Erfahrung lässt viele von uns nicht »schlauer« werden. Die intuitiven Botschaften werden meistens aufs Neue in den Wind geschlagen.

Intuition kann auch nur Wunschdenken sein (»Ich bin mir absolut sicher, dass sie oder er mich liebt«) oder Misstrauen (»Der will mir was Böses! Das fühle ich«) oder auch Vorurteilsdenken (»Wer so aussieht, dem kann man nicht trauen«). Nicht immer entspricht also Intuition einem wahren Gefühl.

Vielleicht hat man uns deshalb von klein auf nicht beigebracht, teilweise sogar abgewöhnt, auch der inneren Stimme zu vertrauen. Unsere Erziehung legt keinen besonderen Wert darauf, dass wir lernen, ihr zuzuhören und sie zu nutzen. Auch in vielen Berufen wird davon abgeraten, sich auf seine Intuition zu verlassen, denn sie hat sehr viel mit Erfahrung, Wahrnehmung, Offenheit und Sensibilität zu tun. Und das könnte die eigene Objektivität beeinflussen. Wenn wir Fragen haben, werden wir in der Regel mit (tatsächlich) gut gemeinten Antworten und Ratschlägen bedacht. Selten wird von uns verlangt, die Lösung eines Problems auch in uns zu suchen. Dabei kann die innere Stimme eine wichtige Entscheidungshilfe sein. Statt zu tun, was von uns erwartet wird, versucht die innere Stimme, uns unsere eigenen Bedürfnisse und die der anderen mitzuteilen. Bedürfnisse, die uns meistens nicht wirklich bewusst sind. Nicht immer schaffen wir und unser Gegenüber es, sprachlich das auszudrücken, was wir wirklich brauchen. Aber um die innere Stimme zu hören, müssen wir versuchen, unser logisches Denken »leiser zu stellen«. Und das heißt auch, dass wir uns selbst wieder mehr vertrauen und zutrauen.

Ideal wäre es, wenn wir beide Hirnhälften benutzen würden, um angemessen zu reagieren. Kleinste Informationen genügen, um beide augenblicklich zu vernetzen. Es liegt nur an uns, ob wir die innere Stimme nutzen. All unser angesammeltes Wissen, das dem logischen Denken zur Verfügung steht, kann uns nicht immer allein zu richtigen Entscheidungen führen. Besonders wenn sie einen anderen Menschen betreffen. Die Signale eines Kindes, das nicht einschlafen kann, können nicht immer mit Hilfe von Regeln und Vorschriften beantwortet werden. Hier wird mehr als nur geschultes Wissen von den Eltern gefordert. Sie werden sich dessen spätestens dann bewusst, wenn sie alles, was in ihrem Ratgeber beschrieben wurde, ausprobiert haben und das Kind immer noch weinend im Bett liegt. »Was jetzt?«, fragen sich dann zahlreiche hilflose Eltern. Viele Ratschläge für das schreiende Kind sind eigentlich Verbote. Und die sind nicht einfach zu durchbrechen, hat man sich erst einmal an sie gewöhnt.

Wenn das Baby abends einschlafen soll, bleiben die Eltern lieber auf Distanz. Das haben wir bereits im Kapitel über Schlafrituale angesprochen. Nur 26 Prozent der Mütter wiegen ihr Kind, 23 Prozent der Mütter und 19 Prozent der Väter legen sich neben es, 43 Prozent der Mütter nehmen ihr Kind in den Arm. Nur 10 Prozent der Babys schlafen beim Stillen ein. Anscheinend folgen die Eltern den allgemeinen Ratschlägen. Viele trauen sich einfach nicht zu mehr Nähe zum Kind. Wacht das Kind aber weinend in der Nacht auf, passiert das genaue Gegenteil. 76 Prozent der Mütter und 77 Prozent der Väter streicheln jetzt ihr Kind, um es zu beruhigen. Doppelt so viele Mütter wiegen es und 60 Prozent von ihnen nehmen ihr Kind allen Vorschriften zum Trotz in den Arm. Auch 53 Prozent der Väter denken, dass das Kind nicht schreiend im Bett liegen bleiben sollte. Warum dieser plötzliche Wandel im Ver-

halten der Eltern? Sind doch die meisten felsenfest davon überzeugt, dass die Nähe zum Kind die angeblich schlechte Angewohnheit des nächtlichen Erwachens nur verstärkt.

»Letzte Nacht, da hat Mia (13 Monate) wieder geweint. Ich bin dann noch halb im Schlaf rüber in ihr Zimmer und da stand sie schon in ihrem Bettchen am Gitter, streckte die Arme nach mir aus, und dann musste ich sie einfach in meine Arme nehmen. Mia hat sich gleich an mich gedrückt. Es brauchte aber einige Zeit, bis ich sie wieder beruhigt habe. Ich setzte mich in meinen Sessel und habe begonnen, Mia zu wiegen und leise zu ihr zu sprechen. Dann habe ich nur noch gesummt. Ich weiß, das soll man ja alles nicht tun. Aber ich war einfach zu müde und ich kenne Mia nun auch schon so gut, um zu wissen, dass nur zureden und wieder hinausgehen bestimmt nicht geholfen hätte. Als ich sie ins Bett zurücklegen wollte, fing sie ja gleich wieder an zu schreien. Mein Mann kam herein, genauso verschlafen wie ich. Er war es, der vorgeschlagen hat, dass wir Mia halt bei uns im Bett schlafen lassen. War ja auch nicht das erste Mal. Ab dann schlief Mia ruhig weiter. Genauso wie wir«, erzählte uns Vera, 25.

Mancher Schlafspezialist wird hier beim Lesen die Hände über dem Kopf zusammenschlagen und sich denken, da haben die Eltern ja wirklich alles falsch gemacht, was falsch zu machen ist. Das Kind auf Grund seines Schreiens aus seinem Bett holen, es wiegen, streicheln und dann noch zur Belohnung mit ins Elternbett nehmen. Solchen Eltern kann dann ja nicht mehr geholfen werden ... Und was ist, wenn gerade dieses sehr zärtliche und verständnisvolle Verhalten der Eltern in unserem Beispiel in genau diesem Moment das Richtige für das Kind war? Mia wurde von ihrer Mutter ohne nachzudenken aus dem Bett geholt und auf den Arm genommen. Ist das jetzt gut oder schlecht? Bewusstes Durchrechnen des Für und Wider braucht Zeit, und die hat man nicht immer in Notsituationen. Schnelles Handeln ist gefragt. Die innere Stimme und auch der mütterliche Instinkt haben in diesem bestimmten Moment das rationale Denken ausgeschaltet. Nicht nach Vorschriften wurde hier gehandelt, sondern rein nach Gefühl.

Warum kommt die innere Stimme gerade nachts mehr zum Ausdruck?

Wachen Eltern plötzlich auf, sind sie noch sehr verschlafen. Gerade dieser Halbschlafzustand könnte bestimmte psychische Abwehrmechanismen wie die Intellektualisierung unterdrücken.
Bei der Intellektualisierung werden unlustvolle Impulse aus dem emotionalen Bereich in den intellektuellen-theoretischen verlagert. Zum Beispiel: »Ich habe keine Angst. Mich interessiert nur generell das Problem der Ängste des Menschens in unserer Zeit.« Psychische Abwehrmechanismen dienen hauptsächlich zur Verdrängung von Impulsen, die von innen kommen. Durch dieses Verdrängen weichen wir dem Impuls aus, der zu einem Konflikt führen könnte. Ein bestimmtes Gefühl soll dadurch unbewusst gemacht werden.

Schreit das Baby, kann es schnell bei seinen Eltern zu Angstgefühlen kommen, ob dem Baby etwas passiert ist. Diese inneren Impulse können sehr stark sein. Genau in diesem Moment schalten sich möglicherweise unbewusste Abwehrmechanismen ein, um die Eltern zu beruhigen. Anstatt gleich nach dem Kind zu schauen, wird die unbewusste Angst verdrängt. Auf den Babyschrei wird nicht sofort gefühlsmäßig reagiert, sondern man sucht zuerst nach einer logischen Erklärung, zum Beispiel, dass es eben gestillt und gewickelt wurde, also kann dem Baby nicht wirklich was fehlen. Es wird intellektualisiert.

Mitten in der Nacht aber, wenn die Eltern vom Weinen ihres Kindes aus dem Schlaf gerissen werden, scheint die Intellektualisierung oftmals wie »betäubt« zu sein. Dieselben Eltern, die zuvor auf der Distanz zum Kind beharrt haben, lassen sich auf einmal von den Impulsen ihrer inneren Stimme führen und haben auch meistens damit Erfolg: Die Eltern schaffen es, ihr Kind zu beruhigen. Sie erlauben sich genau in diesem Moment, so zu reagieren, wie sie es fühlen. Hört man wirklich auf seine innere Stimme, kommen auch keine Zweifel auf. Man fühlt sich sicher in seinem Handeln. Und das erhöht das Selbstbewusstsein und den Selbstwert der Eltern. Endlich wieder das Vertrauen in sich zurückzugewinnen und sich selbst als wertvoll und vollständig zu empfinden ist wichtig. Trauen Sie sich also selbst etwas mehr zu. Haben Sie keine Angst, in sich hineinzuhören. Das zufriedene Strahlen Ihres Kindes wird Sie belohnen. Probieren Sie es einfach mal aus. Lassen Sie sich in Ihrem Alltag einmal von Ihrer Intuition leiten. Zum Beispiel bei der Planung des Urlaubs, beim Einkaufen oder auch beim Essen. Sie werden vielleicht überrascht sein, wie gut Ihre innere Stimme Sie berät.

Ausgeprägte Schlafstörungen beim Kleinkind

Schlafstörungen im Säuglings- und Kleinkindalter finden erst seit einiger Zeit immer mehr Beachtung. Sind denn heutzutage mehr Babys davon betroffen? Haben Eltern früher besser die kurzen Nächte überstanden? Oder wurden sie sich durch die Vielzahl der Artikel und Berichte zu dem Thema dieser Problematik erst richtig bewusst?

Noch bis ins 19. Jahrhundert wurde das nächtliche Erwachen weder als unerwünscht noch krankhaft bezeichnet. Im Gegenteil, man empfand das momentane Aufwachen als beruhigend und friedlich. Christliche Veröffentlichungen rieten, die kurzen Wachperioden zu Gebeten und Meditationen zu nutzen. In medizinischen Büchern aus dem 15. Jahrhundert ist zu lesen, dass man während des »ersten Schlafes« (»the fyrste slepe«) auf der rechten Seite und danach auf der linken Seite zur besseren Verdauung schlafen sollte. Der Schlaf wurde also schon vor hunderten von Jahren in zwei Perioden aufgeteilt. In den »ersten Schlaf« und in den »Morgenschlaf«. Auch Experimente aus den neunziger Jahren zeigen, dass in langen Nächten (14 Stunden in vollkommener Dunkelheit) der Schlaf durch nächtliches Erwachen unterbrochen wird. Historische Überlieferungen und zeitgenössische Studien scheinen zum selben Ergebnis zu kommen: Dass Kinder in der Nacht durchschlafen sollen, ohne aufzuwachen, scheint eine Auffassung zu sein, die sich erst seit der Ära der modernen Technologie des Lichts verbreitet hat. Zuvor war man der Ansicht, dass der kindliche Schlaf sich von allein und auf natürliche Weise regulierte.

Erst mit Beginn des 20. Jahrhunderts nahm die Bedeutung des Schlafs für die physische und emotionale Entwicklung des Kindes zu. Nach dem damaligen Stand der Wissenschaft war der Schlaf keineswegs so robust und selbst reguliert, wie man angenommen hatte. Plötzlich hieß es: Je länger ein Kind schläft, umso gesünder ist es! Sogar für Teenager wären zehn bis 12 Stunden Schlaf wichtig. Ab 1920 begann in der Presse und in zahlreichen Elternratgebern eine richtige Schlafkampagne. Alles was einen ruhigen Schlaf gefährdete, war zu vermeiden. Anfälligkeit für ansteckende Krankheiten sollte hierdurch zum Beispiel vorgebeugt werden. Von da an standen allen möglichen Erziehungsmethoden die Tore weit offen, um das Kleinkind auf gesundes Durchschlafen zu trainieren. Teil des Trainingsprogramms war, dass Kinder allein in ihrem Bett schlafen sollten, vorzugsweise im eigenen Zimmer. Nächtliches Erwachen wurde also nicht mehr als Teil des normalen Schlafverhaltens angesehen.

Heutzutage fürchten sich viele Eltern schon während der Schwangerschaft vor den zukünftigen unruhigen Nächten ihres Kindes. Und diejenigen, die dem Ganzen etwas gelassen entgegensehen, werden nicht selten von anderen Eltern vorgewarnt. »Jetzt habt ihr noch gut reden. Wartet erst mal ab, bis euer Baby da ist. Am besten, ihr schlaft schon mal vor …!« Im Mittelpunkt dieser Befürchtungen steht also nicht nur der Schlaf des Babys, sondern auch der seiner Eltern. Schon vor der Geburt wird gerne Panik gemacht. Man gibt der werdenden Mutter Ratschläge, tauscht sich aus und setzt sie in Kenntnis von bestimmten Praktiken, die das Baby nur verziehen würden.

Informationen über das Schlafverhalten des Kleinkindes sind natürlich sehr wichtig für werdende Eltern. Und wir raten allen Eltern, sich mit diesem Thema früh genug zu befassen. Meistens informieren sich nämlich die Eltern erst, wenn es zu spät ist. Das heißt, wenn das Kind bereits »schlecht« schläft. Schlafbücher und Gespräche mit Fachleuten, wie dem Kinderarzt, klären Eltern über das normale Schlafverhalten eines Kindes auf und lassen angebliche »Schlafstörungen« in einem ganz anderen Licht erscheinen.

Auch Astrid, 33, hätten Informationen über den Schlaf ihres ersten Kindes sicher geholfen: »Bevor Karina auf die Welt kam, hatte ich die Vorstellung, dass Babys sehr viel schlafen. Immer sah ich nur Mütter mit glücklich schlafenden Kindern im Kinderwagen. Karina allerdings war ein Schreibaby, das wenig schlief. Diese Anstrengung und die damit verbundene körperliche und seelische Erschöpfung hat mich völlig aus der Bahn geworfen. Im Nachhinein muss ich sagen, dass ich überhaupt nicht darüber informiert war, mit welchen Schlafproblemen man bei Säuglingen rechnen muss und wie man ihnen begegnet. Beim zweiten Kind hatte ich zum Glück eine wunderbare Hebamme, die mir viele gute Tipps gegeben hat.«

Über den Schlaf des Kindes Bescheid zu wissen, wird Ihnen Sicherheit in Ihrem Handeln geben. Gerade die Reaktion der Eltern auf das Weinen und nächtliche Erwachen des Kindes kann mitentscheidend sein, ob Schlafstörungen nur vorübergehend sind oder länger andauern. Lassen Sie sich also bitte nicht von Freunden oder der Familie schon im Voraus verunsichern.

Weltweit treten Schlafstörungen bei 20 bis 30 Prozent aller Kleinkinder auf. Besonders in den ersten Lebensjahren sind diese Störungen präsent. Manche Forscher sind angesichts dieser weit verbreiteten Problematik zur Überzeugung gekommen, dass Schlafstörungen entweder durch eine rein biologische Schlafregulierung verursacht werden oder dass die Länder dieser Erde bestimmte Umweltfaktoren gemeinsam haben, die Schlafstörungen bewirken können. Wahrscheinlich wird der Schlaf durch unseren Körper und durch kulturelle Faktoren zugleich beeinflusst.

Ursachen von Schlafstörungen

Sie sind der Wissenschaft noch nicht detailliert und umfassend bekannt. Sie treten aber häufig unter bestimmten Umständen auf. Zum Beispiel bei Trennungen, Umzügen, Wiederaufnahme der Berufstätigkeit der Mutter, bei einschneidenden Veränderungen im Alltag, der Geburt eines Geschwisterchens, wenn das Kind zu laufen beginnt, bei Milchallergien, durch die Ernährung oder bei psychischen Krankheiten der Eltern.

Depressive Mütter haben sehr oft Kinder mit Schlafstörungen. Es ist aber schwierig zu sagen, ob die Depression die kindliche Schlafstörung verursacht hat oder umgekehrt. Eine Mutter kann erst durch das »schlecht« schlafende Kind depressiv werden, weil sie das Gefühl hat, eine »unfähige« Mutter zu sein. Jedes nächtliche Erwachen des Kindes wird in diesem Fall als Bestätigung des eigenen Versagens empfunden. Diese Mütter haben keine Hoffnung, dass sich das Schlafverhalten des Kindes irgendwann verbessern wird. Ihre Unsicherheit drückt sich auch tagsüber im Kontakt mit dem Kind aus. Da die depressive Mutter im Glauben ist, sie könne nicht auf das Verhalten ihres Kindes einwirken, werden ihm selten Grenzen gesetzt, und es gibt keinen geregelten Tagesablauf. Aber gerade Routinen sind wichtig für ein Kind, damit es sich sicher fühlt. Auch abends. Durch das fehlende Gefühl von Sicherheit werden die Schlafstörungen beim Kind intensiver, und die wirken wiederum auf die Depression der Mutter ein. Der Teufelskreis beginnt.

Hyperaktivität und Koliken werden als organische Faktoren ausgeschlossen, auch wenn man sie häufig bei Kindern mit Schlafstörungen antreffen kann. Pränatale und neonatale Faktoren scheinen ebenfalls auszuscheiden. Als neonatal wird die Zeit nach der Geburt, die Neugeborenenperiode, bezeichnet, also die Zeit vom ersten Atemzug bis zum 28. Lebenstag.

Ist das Temperament des Kindes ein Faktor? Sehr oft werden Kinder, die »schlecht« schlafen, als schwierig bezeichnet. Sie seien gereizter und nicht so leicht zu beruhigen. Doch die meisten Studien basieren auf den subjektiven Aussagen der Eltern und treffen nicht unbedingt auf das wirkliche Temperament des Kindes zu. Vielleicht ist es auch »schwierig«, gerade weil es »schlecht« schläft. Die Reizbarkeit wäre also kein Faktor der Schlafstörung, sondern würde durch sie erst verursacht werden. Eltern beschreiben zudem ihre Babys sehr oft mit negativen Adjektiven, wenn sie nicht richtig schlafen. Das ändert sich übrigens schlagartig, wenn die Kinder wieder durchschlafen. Dann werden nur noch positive Adjektive benutzt.

Schlafstörungen könnten auch durch Erziehungsfehler der Eltern bedingt sein. Dass die Säuglingspflege auf den Schlaf des

Kindes einwirken kann, haben wir bereits in den vorigen Kapiteln gesehen. Viele Kinder schlafen in einer zu lauten Umgebung, die nicht ihren Schlaf-Wach-Rhythmus respektiert. Sie haben keinen geregelten Tagesablauf, keine gleich bleibenden Schlafenszeiten, oder die Schlafenszeit ist zu früh. Dies kann zu Schlafstörungen beim Kind führen. Auf diese und noch weitere Faktoren werden wir in den kommenden Kapiteln genauer eingehen, damit Sie Ihrem Kind gesunde und natürliche Schlafgewohnheiten ermöglichen können.

Die auslösenden Faktoren sind aber nicht die gleichen, die für das Andauern der Schlafstörung verantwortlich sind. Anscheinend haben manche Kinder eine Veranlagung dazu, dass sie in der Nacht nicht wieder schnell einschlafen können. Grund dafür könnten physische Faktoren und auch Ängste sein.

Viele Kinder sind »schlafgestört«. Bedeutet das gleichzeitig, dass sie *krank* sind? Die so genannten Schlafstörungen könnten möglicherweise eine alternative Entwicklung des menschlichen Schlafverhaltens sein. Wir denken, dass der Schlaf des Kindes nicht immer nur von seinem »optimalen« Gesichtspunkt aus beurteilt werden sollte. Optimal, das heißt, nur aus der Sicht der Eltern. Es sind oft gerade die falschen Erwartungen der Eltern, die Schlafstörungen sozusagen künstlich entstehen lassen. Werden die Eltern richtig über das Schlafverhalten ihres Kindes und seine wirklichen Bedürfnisse aufgeklärt, verschwinden auch meistens die Schlafstörungen.

Zahlreiche Studien haben belegt, dass fast alle Kinder in der Nacht aufwachen. Es ist also ein normales Verhalten.

Hab keine Angst! Wir sind doch auch noch da! Auch Geschwister können Sicherheit und Geborgenheit geben.

Nur nicht wieder allein einzuschlafen, könnte man als »krankhaft« bezeichnen. Aber selbst hier ist der Einfluss unserer Kultur nicht zu unterschätzen. Warum muss ein Baby schon im ersten Lebensjahr unbedingt lernen allein einzuschlafen? Warum glauben wir, dass es nützlich für ein Kleinkind ist, sich selbst zu beruhigen? Warum sollte der Mensch so früh wie möglich selbstständig werden? – Sind nicht vielleicht kulturelle Erwartungen Ursachen von Schlafstörungen beim Kind?

Auch wenn Einschlafschwierigkeiten und nächtliches Erwachen sehr häufig bei Kleinkindern auftreten und die ganze Familie in Mitleidenschaft gezogen werden kann, wird dabei oft vergessen zu erwähnen, dass Schlafstörungen meistens sinnvoll sind. Sie sind in vielen Fällen mit körperlichen und geistigen Veränderungen verbunden und nur vorübergehend.

Zusammen mit den Essstörungen sind Schlafstörungen außerdem die meist genutzte Ausdrucksform des Babys, um seine Schmerzen und sein Unwohlfühlen der Umwelt mitzuteilen. Sie dienen auch zur Kommunikation und haben einen Signalcharakter. Man sollte also Schlafstörungen nicht immer gleich als negativ ansehen. Sie können auf andere Störungen hinweisen. Deshalb ist es auch ratsam, dass Sie bei auffälligen kindlichen Schlafstörungen nicht eigenständig handeln und dem Kind Beruhigungsmittel geben. Konsultieren Sie lieber zuerst den Kinderarzt oder den Schlafspezialisten. So können andere Erkrankungen ausgeschlossen werden.

Einschlafschwierigkeiten

Doch leidet ein Kleinkind, das nicht einschlafen kann oder sich dagegen wehrt, wirklich an einer *Störung*? Das Kind beklagt sich eigentlich nicht, dass es nicht sofort einschlafen kann. Deshalb ziehen wir es lieber vor, von Einschlafschwierigkeiten oder Einschlafproblemen zu reden.

Ihr Kind schläft nicht ein?

Ein Kind leidet an Einschlafschwierigkeiten, wenn es mehr als drei Mal pro Woche über die letzten sechs Monate hinweg nicht einschlafen will. Es schreit, weint und diese schwierige Situation führt zu Problemen mit seinen Eltern, weil sie nicht wissen, wie sie darauf reagieren sollen.

Gerade der zweite Satz dieser Definition von Einschlafschwierigkeiten ist wichtig. Zeigt er doch, wie subjektiv Einschlafschwierigkeiten beim Kind sind. Nicht sofort einzuschlafen ist kein Problem per se. Im Grunde liegt der Akzent nicht auf dem Schlafverhalten des Kindes, sondern auf dem subjektiven Empfinden seiner Eltern. Wie gehen sie mit seiner Weigerung einzuschlafen um? Wie wirkt sein Weinen oder Schreien auf sie? Erst wenn diese Schwierigkeiten die Eltern zu stören beginnen, werden sie zu einem Problem.

Einschlafschwierigkeiten können durch Angstzustände verursacht werden, wie die Angst vorm Bett, die Angst verschlungen zu werden, die Angst vorm Dunkeln oder davor, seine Mutter zu verlassen. Manche Kinder können auf Grund ihrer motorischen Erregtheit nicht einschlafen. Sie wälzen sich im Bett hin und her, drehen sich ständig von einer Seite auf die andere, lutschen heftig den Daumen, wollen etwas trinken oder oft aufstehen. Oder das Kind kann sich selbst nicht beruhigen, es spricht zu sich selbst, lacht, singt und ruft nach seinen Eltern. In einigen Fällen sind die Schwierigkeiten schwer erkennbar. Das Kind bewegt sich nicht und ist ganz still.

Zärtliche Rituale

Getragen und gehalten werden, zärtlich umarmt werden, wiegen etc. spielen eine große Rolle für das Einschlafverhalten des Babys. Unzureichende Fürsorge und Zuwendung können schwere Folgen haben. Ein Kind, das schlecht schläft, kann auch ein Vorwurf an die sein, die es pflegen.

Schwere Einschlafschwierigkeiten sind heutzutage nicht mehr so häufig wie noch vor 40 Jahren. Viele Eltern legen mittlerweile ihr Kind ins Bett, wenn es wirklich müde ist. Sie achten auf die Müdigkeitsanzeichen: das Kind reibt sich die Augen, wird quengelig, manchmal jähzornig … Die Eltern passen sich dem Rhythmus des Kindes an, auch wenn ihnen seine Schlafenszeit nicht unbedingt in ihren eigenen Zeitplan passt.

Anscheinend spielt auch die Erfahrung der Eltern eine große Rolle, denn oftmals sind Einschlafschwierigkeiten beim ersten Kind präsent und dann eher selten bei seinen jüngeren Geschwistern. Mehr dazu im Kapitel »Schlaf beim zweiten Kind«.

Bei manchen Babys und Kleinkindern können diese Schwierigkeiten ganz plötzlich auftreten, obwohl sie bisher immer ruhig eingeschlafen sind. Es scheint, als ob dies zu ihrer natürlichen Entwicklung gehöre. Besonders zwischen dem ersten und dem dritten Lebensjahr finden beim Kind einschneidende Veränderungen statt. Es lernt laufen, sprechen und wird langsam sauber. In dieser Übergangsperiode kann es zu Einschlafschwierigkeiten kommen, denn die neu gewonnene Autonomie kann dazu führen, dass das Kind seine Grenzen kennen lernen und austesten will. Es beginnt sich den Eltern zu widersetzen und will alles selbst bestimmen. Zum Beispiel wo, wann und mit wem es abends einschläft. Auch wenn es wichtig ist, dass man auf die Bedürfnisse eines Kindes eingeht, so sollte besonders in diesem Alter beachtet werden, was diese Bedürfnisse motiviert. Das Kind ist in dieser Phase in einer Art Persönlichkeitskrise. Hier ist es wichtig, dem Kind helfende Grenzen zu vermitteln, die ihm Sicherheit in diesem neuen Gefühl des Sich-Behauptens geben. Reden Sie mit Ihrem Kind und erklären Sie ihm, dass Sie wissen, was gut für es ist. Blei-

Mama, bleib noch ein bisschen...Streicheln und zärtliches Zureden helfen Ihrem Kind, Trennungsängste zu mildern.

ben Sie dabei ruhig, bestimmend und schauen Sie Ihrem Kind in die Augen. Selbst wenn Sie den Eindruck haben, dass Ihr Kind in diesem Moment nicht zuhört, hat es dennoch das Gesagte registriert. Setzen Sie so dem aufkommenden »störenden« Schlafverhalten Grenzen.

Die Erinnerung an Albträume kann ebenfalls zu schweren Einschlafschwierigkeiten führen. Das kann das Einschlafritual komplizieren, denn das Kind braucht »Beweise«, dass ihm nichts in der Nacht passieren wird.

Auch Trennungserfahrungen aus der eigenen Kindheit der Eltern können eine Rolle bei Schlafstörungen spielen. Leidet das Kind an sehr schweren Einschlafproblemen und wacht es nachts ständig schreiend auf, sollten sich die Eltern die Frage stellen, ob einer von ihnen beiden als Kind große Schwierigkeiten hatte, sich von den eigenen Eltern zu trennen. Frühere schmerzhafte Trennungen, die schlecht verarbeitet wurden,

können Auslöser für massive Trennungsängste bei Eltern sein. Ungewollt übertragen sie ihre Ängste auf das Kind, wenn sie sich abends von ihm trennen müssen. Das Kind spürt diese Trennungsängste seiner Eltern und hat das Gefühl, dass es sie unmöglich allein lassen kann. Um seine Eltern zu beschützen, wird sich das Kind mit allen Kräften gegen das Einschlafen wehren. Es kommt zu schweren Schlafstörungen.

Für Eltern, die unter massiven Trennungsängsten leiden, ist es ratsam, einen Psychologen oder Therapeuten zu konsultieren. Ihnen kann durch eine geeignete Therapie geholfen werden, ihre Ängste zu verarbeiten. Dies wird sich positiv auf den Schlaf des Kindes auswirken. Wichtig ist, dass dem Kind die Befürchtung genommen wird, dass seine Eltern in Not sind und es ihnen helfen muss. Gleich zu Beginn der Therapie sollte ihm gesagt werden, »Du brauchst jetzt keine Angst mehr um deine Eltern haben. Es wird alles gut werden!« Das Kind wird so entlastet und bald ruhiger schlafen.

Durchschlafstörungen

Es ist ganz normal, dass ein Säugling nachts aufwacht. Nicht nur in den ersten Monaten, um gestillt zu werden. Ab einem gewissen Alter scheint man aber das nächtliche Aufwachen des Babys nicht mehr zu tolerieren. Während es Babys gibt, die von ganz allein durchschlafen, wachen andere weiterhin mitten in der Nacht auf und wecken ihre Eltern durch ihr Weinen und Schreien, weil sie nicht wieder alleine einschlafen können. Und dass der Schlaf der Eltern gestört wird, ist wahrscheinlich das eigentliche Problem.

Was ist eine Schlafstörung?

Davon spricht man erst dann, wenn das Kleinkind mindestens drei Mal nachts pro Woche über die letzten sechs Monate hinweg aufwacht und dabei mindestens 20 Minuten wach bleibt. Nachts aufzuwachen ist keine Schlafstörung an sich. Erst die Häufigkeit und vor allem die Art und Weise, wie man darauf reagiert, machen das nächtliche Erwachen zu einer Störung. Ein Kleinkind leidet an einer *schweren* Schlafstörung, wenn es in den letzten drei Monaten fünf Mal oder mehr in der Woche nachts aufgewacht ist. Es muss dabei mindestens drei Mal in der Nacht aufwachen und 20 Minuten lang wach bleiben, bevor es wieder einschläft.

Die meisten deutschen Eltern meinen, es handelt sich um Schlafstörungen, wenn ein Kind zwei bis drei Mal in der Nacht aufwacht. Einige bezeichnen schon ein Mal aufwachen pro Nacht als Störung. Die Toleranzschwelle ist dann sehr niedrig. Es gibt aber auch Eltern, die anderer Auffassung sind.

»Meine Leni (15 Monate) wacht nachts bis zu acht Mal auf und das jede Nacht«, erfahren wir im Gespräch mit Marina, 32. »Aber mir und meinem Mann macht das nichts aus. Ihr Bett ist ja bei uns im Zimmer. Ich bin deswegen auch nicht beim Arzt gewesen. Obwohl meine Mutter mir ständig vorhält, dass das nicht normal ist.«

In Taiwan werden die Eltern von ihren Kindern bis zu vier Mal in der Nacht geweckt. Diese Eltern beschweren sich ebenfalls nicht und es ist keine Rede von Schlafstörungen.

Die Häufigkeit des nächtlichen Erwachens kann also nicht als alleinige Grundlage dienen, um von Schlafstörungen zu sprechen. Hier steht vor allem das subjektive Empfinden der Eltern im Vordergrund. Erst wenn die Eltern das Erwachen des Kindes nicht mehr ertragen, meistens weil sie selbst ausgepowert sind, wird das »gestörte« Schlafverhalten des Kindes als Problem empfunden.

Nächtliches Erwachen ist in der frühen Kindheit meistens eine vorübergehende Erscheinung im Schlafverhalten des Kindes. Es verschwindet nach einigen Monaten. Bei manchen Kindern kann es aber auch wieder plötzlich auftauchen. Oder das Kind wacht weiterhin nachts auf, nur nicht mehr so häufig. In einer schweizer Langzeitstudie wachten 54,2 Prozent der Kinder im Alter von vier Jahren nachts mindestens einmal in der Woche auf. 22,2 Prozent von diesen Kindern wachten mit zwei Jahren noch jede Nacht auf.

Warum wachen manche Kinder weiterhin nachts auf? In den ersten Monaten nach der Geburt hängt nächtliches Erwachen noch mit dem unausgereiften Schlafverhalten und der Nahrungsaufnahme zusammen. Später wird es vorwiegend mit den kognitiven und physischen Veränderungen und den emotionalen Bedürfnissen des Kleinkindes in Verbindung gebracht, die in jeder Entwicklungsphase verschieden sein können. Genauso verhält es sich ja auch beim Co-Sleeping (in der Nähe der Eltern schlafen). Zu Beginn schläft der Säugling meistens bei der Mutter, weil es das Stillen in der Nacht erleichtert. Später, sobald das Kind laufen kann, krabbelt es selbst aus seinem

Bett und schlüpft zu den Eltern, weil es Angst im Dunkeln vor Gespenstern oder Monstern hat.

Der Vorteil bei einem etwas älteren Kind ist, dass es schon sprechen und somit erklären kann, warum es aufgewacht ist und nicht wieder von alleine einschläft. Eltern können dann entsprechend darauf reagieren. Meistens erlauben sie dem Kind, dass es zu ihnen ins Bett kommt. Ein kleines Baby hat nur das Schreien und Weinen als Ausdrucksform seiner Bedürfnisse. Nächtliches Erwachen sollte auch dann Verständnis bei den Eltern finden. Abends einzuschlafen heißt sich von seinen Eltern zu trennen. Vielleicht bedeutet das nächtliche Aufwachen, dass das Kind die Nähe oder die Vereinigung mit ihnen sucht.

Möglichkeiten zur Behandlung von Schlafstörungen

Schlafstörungen treten häufig auf und können manchmal lange anhalten. Eine Reihe von Behandlungen existiert für dieses bestimmte Problem bei Kindern. Meistens haben die Eltern bereits mehrere Methoden ausprobiert, damit ihr Kind besser schläft, bevor sie den Spezialisten aufsuchen. In erster Linie wird dann der Kinderarzt um Rat gefragt. Doch für den Kinderarzt ist es gar nicht so einfach, eine Diagnose beim schlafgestörten Kind zu stellen. Die Eltern konsultieren den Arzt ja normalerweise tagsüber, und da ist das Kind scheinbar völlig gesund. Die Symptome der Schlafstörungen sind nicht erkennbar und trotzdem soll er eine Behandlung empfehlen. Für den Kinderarzt heißt das, dass er sich gänzlich auf die Beschreibung der Eltern verlassen muss, und die wiederum müs-

sen hoffen, dass ihnen der Arzt Glauben schenkt. Besonders wenn die Eltern selbst übermüdet und erschöpft sind, kann es passieren, dass ihre Beschreibungen übertrieben oder hysterisch klingen. Und das, obwohl sie der Wahrheit entsprechen.

Um dem Kinderarzt die Diagnose zu erleichtern, ist es von Vorteil, wenn die Eltern ihr Kind beim Einschlafen oder nachts, wenn es schreiend aufwacht, mit einer Kamera filmen und das »Heim-Video« mit zur Sprechstunde bringen. Die Eltern und der Kinderarzt können sich das Video gemeinsam anschauen, was die Einschätzung für eine geeignete Behandlung der Schlafstörungen erleichert.

Empfehlungen

Die *Child Health Organization* empfiehlt, dass zwei Aspekte bei einer Behandlung für Schlafstörungen bei Kindern berücksichtigt werden sollten, abgesehen davon, dass die Methode wirksam sein sollte und wenige oder keine Nebenwirkungen zu Folge hat:

Die Methode sollte erstens schnell und einfach zu erklären sein, denn die Anzahl der Familien, die Rat suchen, ist groß, aber die Zeit der Spezialisten ist begrenzt. Zweitens sollte die Methode zu guten Ergebnissen führen, selbst wenn die Krankenschwester oder der Arzt wenig Erfahrung auf diesem Gebiet haben.

Die ausgesuchte Methode sollte mit den Wünschen der Eltern übereinstimmen, denn sie sind es, die sie dann zu Hause beim Kind anwenden müssen.

Schlafmittel

Kindern, die »schlecht« schlafen, sollten Schlafmittel nur im äußersten Notfall verabreicht werden und auch nur für eine beschränkte Dauer.

Allgemein gilt: Schlafmittel beseitigen bestenfalls das Wachliegen, aber nicht die Schlafstörung als solche, diese verstärkt sich vielfach noch und bringt zusätzliche Abhängigkeit. Der Organismus verlernt es außerdem, den Schlaf als eigene aktive Leistung herbeizuführen. Und meistens erscheinen die Schlafstörungen wieder nach Absetzen des Mittels.

Kinderärzte sind sich dieser Problematik bewusst. Umso erstaunlicher ist es, dass dennoch vielen Kindern Schlafmittel verordnet werden. In Deutschland handelt es sich bei 35 Prozent der Medikamente, die Kindern verschrieben werden, um schlaffördernde Substanzen. Sehr oft sind es gerade die Eltern, die Druck auf die Ärzte ausüben und ein Schlafmittel für ihr Kind verlangen. Deshalb ist es wichtig, dass Eltern den Ursachen für Schlafstörungen nachgehen und wissen, welche Möglichkeiten es gibt, diese auch ohne Medikamente zu beheben. Vor allem über die Nachteile und Nebenwirkungen der Schlafmittel müssen die Eltern aufgeklärt werden.

Einer empirischen Untersuchung von Tobler und Weber (1980) zufolge wurden 89 Prozent aller schweizer Kinder, die wegen Schlafstörungen beim Arzt waren, Hypnotika, Sedativa (Beruhigungsmittel) und sogar Neuroleptica (Substanzen gegen Angstzustände und Depressionen) verordnet. Schon in den 70er-Jahren hatten 25 Prozent der erstgeborenen Kinder in England, nach einer Studie von Ounsted und Mitarbeiter (1977), bis zum 18. Lebensmonat ebenfalls ein- oder mehrmals

Sedativa eingenommen. In Frankreich sind es 13 Prozent der Kleinkinder, die so behandelt wurden (Brisset, 1997).

Leider werden viele Medikamente für Kinder verschrieben, ohne dass genügend Informationen über ihre Wirkung und Nebeneffekte in Hinblick auf den kleinen Körper bekannt sind. Arzneistoffe, die speziell für die Behandlung von Säuglingen und Kleinkindern entwickelt wurden, sind selten. Viele wurden zunächst für Erwachsene konzipiert. In den USA geben acht von zehn Medikamenten für Erwachsene keine einzige Auskunft über ihre Anwendung bei Kindern. In Deutschland sind bei der Zulassung von Arzneimitteln grundsätzlich keine Tests an Kindern erforderlich. Es sei denn, das Medikament wird ausdrücklich für Kinder, wie beispielsweise ein Saft gegen Fieber, ausgewiesen. Dann müssen auch die im Beipackzettel empfohlenen Dosierungen für Kinder durch Untersuchungen hinsichtlich Einnahme, Verträglichkeit und Nebenwirkungen abgesichert werden.

Selbst heutzutage sieht man im Kind noch einen Erwachsenen in Miniaturgröße. Wird einem Kind ein Medikament verschrieben, stützt man sich sehr oft auf seine Wirkung beim Erwachsenen. Die Dosis wird dann auf das Körpergewicht oder die Körperoberfläche umgerechnet. Auch bei Schlafmitteln muss dies häufig praktiziert werden. Kinderärzte müssen mit dieser unbefriedigenden Situation vorerst leben, können sich aber aus Erfahrung sehr gut auf ihre kleinen Patienten einstellen.

»Grundsätzlich muss zwischen Einschlaf- und Durchschlafstörung bei gesunden Kindern und solchen mit einer Grunderkrankung unterschieden werden, welche temporär oder langfristig einer medikamentösen Sedierung bedürfen,

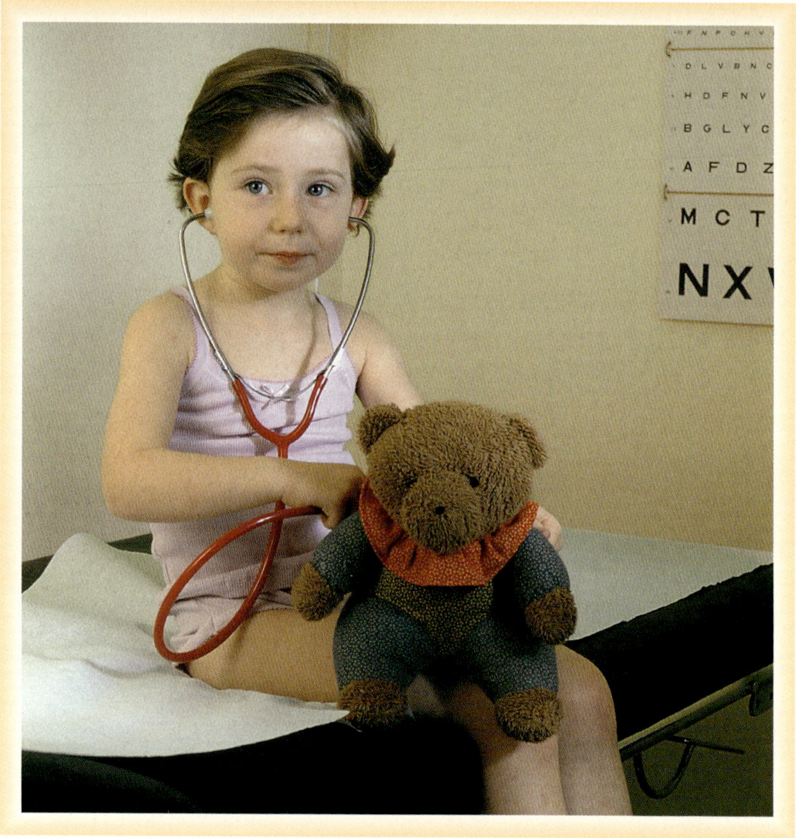

Mal horchen, was der Teddy hat… Hausmittel gegen echte Schlafstörungen haben ihre Tücken. Ein Besuch beim Arzt ist ratsam.

zum Beispiel bei Schmerzen, epileptischen Anfällen, cri-du-chat-Syndrom und anderem mehr«, erklärt der Kinderarzt Dr. Christian Lipinski. »Meistens ist die medikamentöse Therapie schon im Rahmen einer stationären Behandlung im Krankenhaus angesetzt worden. Sie wird vom Hausarzt oder Kinderarzt fortgeführt.« Und: »Der spezifische Bedarf an beruhigen-

den Maßnahmen ist in der Kinderarztpraxis an verschiedene Altersgruppen gebunden.«

Daher rät Dr. Lipinski: »Bei anhaltenden Schreien und Schlaflosigkeit von Neugeborenen muss zu allererst nach Faktoren gesucht werden, die zu einer Befindlichkeitsstörung führen können, wie Hunger, nasse Windeln, Schmerzen, mangelnde Zuwendung und so weiter. Notwendig sind ärztliche Beratung, keine Medikamentengabe.«

Im Säuglingsalter sind organisch-funktionelle Ursachen häufig: Nabelkoliken in den ersten drei Monaten, Blähungen, später schmerzhaftes Zahnen (Dentition), Mittelohrentzündungen, Fieber, obstruktive Rhinitis (behinderte Nasenatmung) und anderes führen zu Schlafstörungen. Dr. Lipinski meint dazu: »Wieder stehen die symptomlindernden Maßnahmen am Anfang, danach können unterstützend eingesetzt werden: pflanzliche Mittel als Tropfen oder Sirup, die Hopfen oder Passionsblumenkraut enthalten, wobei auf alkoholische Extrakte verzichtet werden soll. Auch homöopathische Zäpfchen zeigen eine gute, beruhigende Wirkung.«

Viele Eltern gehen bei Schlafstörungen ihrer Kinder oft zuerst in die Apotheke, um sich Rat zu holen, und verlangen nach einem schlaffördernden Mittel, »Zuerst müssen die Ursachen der Schlafstörung abgeklärt und nichtmedikamentöse Maßnahmen besprochen werden, wie man diese beheben könnte«, empfiehlt auch der Apotheker Dr. Gerd Kindl. »Erst wenn alle Möglichkeiten ausgeschöpft sind, kann man zur Unterstützung der Behandlung zum Beispiel Säfte auf der Basis von Pflanzenextrakten geben. Auch spezielle Teemischungen helfen, damit Kinder eher zur Ruhe kommen. Kümmel-Anis oder Fencheltee erleichtern zum Beispiel die Verdauung und helfen gegen Blähungen, ein häufiger Grund für Schlafstörungen. Baldriantropfen sind wegen des unangenehmen Geschmacks und seiner zentraldämpfenden Wirkung nicht zu empfehlen. Baldriandragees für Kleinkinder kommen nicht in Frage.«

Von der Anwendung von Präparaten aus der Gruppe der Benzodiazepine rät der Apotheker ab, es sei denn, der Arzt hält sie aus bestimmten medizinischen Gründen für notwendig. Benzodiazepine sind eine Gruppe von Arzneimittelwirkstoffen, die als Entspannungs- und Beruhigungsmittel (Tranquilizer) oder als Schlafmittel (Hypnotika) verabreicht werden und zur Abhängigkeit führen können. Kinder reagieren auf Benzodiazepine ganz anders als Erwachsene. 10 bis 30 Prozent der Kinder werden in ihrem Verhalten impulsiv oder aggressiv. Solch stark wirkende Schlafmittel sind ohnehin rezeptpflichtig. Keinesfalls sollten Eltern ihren Kindern aus der Hausapotheke irgendwelche Beruhigungs- oder Schlafmittel geben, ohne mit dem Arzt Rücksprache zu halten. Aber auch die frei verkäuflichen Schlafmittel sind nicht unproblematisch. Dies gilt zum Beispiel für manche Antihistaminika, das sind antiallergische Substanzen, die als Nebeneffekt müde machen. Die häufig als Schlafmittel eingesetzte Substanz Diphenhydramin ist für Kinder ungeeignet: Neben dem einschläfernden Effekt kann es zu Erregungszuständen kommen.

Durch die jüngsten Zulassungsbeschränkungen von vielen Arzneimitteln für das Kindesalter ist die Verordnung von Benzodiazepinen, Neuroleptica (Arzneimittel, die eine psychische Anspannung herabsetzen) und Barbituraten (beruhigend, hypnotisch und narkotisch wirkende Mittel) stark zurückgegangen. Der Kinderarzt sollte sich daher mit der Verschreibung auf die medizinisch notwendigen Heilverfahren beschränken.

Inzwischen steht jedoch statt medikamentöser Behandlung von Schlafstörungen im Kindesalter die Suche nach den Ursachen und Auslösern im Vordergrund. Damit ist die Richtung für eine entsprechende familienzentrierte Beratung und Therapie vorgegeben, um Eltern und Kind zu helfen.

Medikamente

Schlafstörungen sind das am wenigsten erforschte Anwendungsgebiet der Psychopharmaka für Kinder. Seien Sie sich bitte bewusst, dass viele dieser Arzneimittel zur Abhängigkeit führen können. Außerdem hängt das Durchschlafen vor allem von der Reifung des kindlichen Schlafverhaltens ab und kann nicht durch Medikamente beeinflusst werden.

Verhaltensprogramme

In Deutschland gibt es zwei Lager: die Verfechter von Verhaltensprogrammen wie beispielsweise der *Freiburger Sanduhr-Methode* oder der *Jedes-Kind-kann-schlafen-lernen-Methode* und ihre scharfen Gegner, für die es ein Unding ist, sein Kind schreien zu lassen, bis es einschläft. Dazwischen scheint es nichts zu geben.

Verhaltensforscher sind der Meinung, dass Schlafstörungen das Ergebnis eines Lernprozesses sind. Ein weiterer Lernprozess könnte demnach dieses Verhalten wieder verändern. Doch einige Schlafforscher denken, dass diese Methoden negative Auswirkungen auf die Eltern-Kind-Beziehung hätte. Viele Mütter und Väter fühlen sich als schlechte Eltern, die ihr Kind im Stich lassen, wenn es sie braucht.

Durch die eben genannten Methoden möchte man das Kind *lehren,* allein und ohne die Hilfe seiner Eltern einzuschlafen. Dabei geht es weniger um das nächtliche Aufwachen als vielmehr um die Schwierigkeit, ohne Eltern zur Ruhe zu kommen.

Methoden wie die *Freiburger Sanduhr-Methode* basieren auf dem Prinzip der allmählichen »Entwöhnung« und sollten nicht vor dem 12. Monat angewendet werden. Die Eltern reagieren auf das Schreien und Weinen ihres Kindes erst nach einer bestimmten Zeit. Bei der *Freiburger Sanduhr* sind es drei Minuten. Nachdem man sein Kind so gut es geht beruhigt hat, verlässt man wieder nach drei Minuten das Kinderzimmer. Falls das Kind erneut zu schreien beginnt, wartet man wieder drei Minuten und schaut dann nach seinem Kind. Nach dem zweiten Mal Nachschauen, müssen die Eltern ganze sechs Minuten abwarten, bevor sie zu ihrem weinenden Kind gehen dürfen. Es wird geraten, diesen Vorgang so lange durchzuführen, bis das Kind eingeschlafen ist. Meist schläft das Kind dann auch erst vor Erschöpfung ein.

Diese Methode orientiert sich an der von dem amerikanischen Kinderarzt und Schlafforscher Richard Ferber (Boston) vor über zehn Jahren entwickelten »checking up«-Methode. In Deutschland wurde diese Methode durch das Buch »Jedes Kind kann schlafen lernen« populär. Die Wartezeit wird bis auf 30 Minuten ausgedehnt.

Im ersten Jahr schlafen die wenigsten Babys durch. »Natürlich sind alle Mütter sehr bemüht, ihr Baby so lange wie möglich zu stillen und es so wenig schreien zu lassen wie es geht.

Aber ab dem achten bis zehnten Monat kommt ein Punkt, wo manche Mütter einfach nicht mehr können, wenn sie alle zwei Stunden wach werden«, erklärt Anja Hable, Psychotherapeutin und Leiterin einer Schreiambulanz. »Dann kann ein Schreiprogramm entlastend wirken. Man kann von den Eltern nicht mehr verlangen, als sie geben können. Den Eltern muss die Möglichkeit eingeräumt werden, eine Grenze zu ziehen. Schließlich muss man auch den Bedürfnissen der Eltern Rechnung tragen.«

Schwierig wird es, wenn die Mutter dieses Programm durchziehen will, weil sie mit ihren Kräften am Ende ist, aber innerlich das Verbot spürt, ihr Kind schreien zu lassen. »Das Kind spürt die innerliche Ambivalenz der Mutter und wird verwirrt«, sagt Anja Hable. »Wichtig ist, dass die Mutter eine klare Haltung bei der Durchführung des Programms behält. Sie muss dahinter stehen.« Allerdings rät die Schreiexpertin Anja Hable zu einer etwas abgewandelten Form dieser Verhaltensprogramme bei Kindern, die älter als acht Monate sind: »Das Kind kommt mit klaren Ritualen ins Bett, man legt es hin, gibt ihm einen Kuss, sagt ihm, dass es jetzt einschlafen wird und kann, und geht hinaus.« Damit zeigt die Mutter, dass sie ihrem Kind zutraut, die neue Situation zu bewältigen, und bestärkt es somit positiv. Schreit das Kind, könnte auch der Vater zum Kind gehen, es beruhigen und wieder hinausgehen. Väter haben manchmal weniger Schwierigkeiten, sich abzugrenzen, und können deshalb klarer bleiben. Die Mutter ist in dieser Entwicklungsphase des Kindes oft so sehr auf Geben und Versorgen eingestellt und emotional so eng mit dem Kind verbunden, dass eine klare Abgrenzung schwer fällt. Beim Schreien sollten die Eltern *ängstlich* schreien von *wütend* schreien unterscheiden. Schreit das Kind wütend, drückt es manchmal lediglich seinen Ärger über den Verlust lieb gewonnener Gewohnheiten aus und beruhigt sich, sobald es sich an das Neue gewöhnt hat. Das dauert etwa zwei bis vier Tage. Hat das Kind Angst, sollte man es nicht schreien lassen. Und besonders nicht, wenn es in Panik gerät. »Auf keinen Fall sollten die Eltern das Kind stundenlang schreien lassen«, bekräftigt die Expertin. »Vertrauen Sie auf Ihr Gefühl. Wenn nach drei bis vier Nächten das Programm keinen Erfolg zeigt, ist es besser, es abzusetzen.« Aber anstatt allein mit dem Schlafproblem ihres Kindes zu bleiben, sollten die Eltern sich an Schlafexperten oder Schreiambulanzen wenden, die ihnen weiterhelfen können. »Die Eltern müssen sich aber auch darauf gefasst machen, dass bei Krankheiten des Kindes der Erfolg des Programms nur vorübergehend sein kann.«

So war das der Fall bei Nino, wie es uns seine Mutter Sandra, 31, schilderte:

»Als Nino kleiner war, etwa ein bis eineinhalb Jahre, haben wir es mit der ›Jedes-Kind-kann-schlafen-lernen-Methode‹ versucht und hatten auch Erfolg, obwohl es natürlich sehr schwer ist, sein Kind schreien zu lassen. Allerdings waren wir zu Beginn dieses ›Verfahrens‹ so weit, dass Nino zuvor nur auf dem Arm eingeschlafen ist, beim Herumtragen, oder auf dem Oberkörper liegend, und meistens auch wieder aufgewacht ist bei dem Versuch, ihn in sein oder unser Bett zu legen. Das hatte vor allem meinen Schlaf sehr beeinträchtigt und mir Rückenprobleme beschert.

Die Methode funktionierte sehr gut, er schlief nach einigen Tagen sehr schnell alleine in seinem Bett ein und auch wenn er nachts aufwachte.

Seit unser Sohn etwa eineinhalb Jahre alt ist, schläft er im Normalfall weiterhin gut ein, wenn er allerdings nachts aufwacht, kann er sich nicht alleine beruhigen. Wenn wir versuchen, ihn in seinem Bett zu lassen und die ›Jedes-Kind-kann-schlafen-lernen-Methode‹ anwenden, wird er regelrecht hysterisch und steigert sich immer mehr ins Schreien hinein.

Weil die Methode dann für uns nicht mehr funktionierte, haben wir uns entschlossen, ihn ins Elternbett zu holen, falls er nachts aufwacht. Auch wenn wir dann nicht ganz so gut schlafen, ist es für uns alle weniger belastend, als ihn lange schreien zu lassen, da er sich auch nach längerer Zeit nicht alleine beruhigt.«

Die beiden zu Beginn genannten Methoden können bewirken, dass das Kind abends aufhört zu schreien und alleine einschläft. Es bleibt jedoch die Frage offen, ob das Kind mithilfe dieser Methoden ge*lernt* hat, sicher einzuschlafen oder hat es vielleicht *gelernt,* dass niemand kommen wird, um es zu trösten, und dass es nicht hilft zu schreien?

Viele Eltern haben jedenfalls bei diesen Methoden Bedenken und können ihre Orientierungsregeln nicht akzeptieren. Es ist für sie undenkbar und unerträglich, das eigene Kind im Dunkeln schreien zu lassen. Sie empfinden solche Methoden als herzlos und nicht kindgerecht.

»Von diesen Methoden habe ich gelesen, allerdings auch sofort beschlossen, dass die nicht zu uns passen. Wir halten nichts davon, den Willen unseres Kindes zu brechen, und hätten das Geschrei womöglich auch nicht ertragen«, meint Sybille, 24.

Auch Martina, 37, wettert gegen diese Methoden: »Ich habe eines der Bücher, die diese Methoden empfehlen, von den völlig verständnislosen Verwandten empfohlen bekommen, als der Große damals ins Ehebett kam – ich habe es gelesen und gedacht, dass man den Autor wegen seelischer Grausamkeit mal ernsthaft in ein Gespräch verwickeln müsste.«

»Diese Methode habe ich nie angewandt und würde das auch nie tun. Ich empfinde diese Art des Umgangs mit Kindern als herzlos«, bekräftigt Sandra, 32.

Oft werden diese Methoden angewendet, weil man entschieden hat, dass der Zeitpunkt gekommen ist, dass das Kind nun allein in seinem Zimmer schlafen soll, und nicht, weil das Kind ständig nachts schreiend und weinend aufwacht. Selten beschweren sich Eltern nämlich über den Schlaf ihres Kindes, wenn es bei ihnen im Zimmer schläft. Erst das neu eingeführte Schlafarrangement, das nächtliche Hin- und Herlaufen zwischen dem Eltern- und dem Kinderzimmer und das aus dem Kinderzimmer dringende Schreien des Babys führen in vielen Fällen zum unruhigen Schlaf der ganzen Familie. Doch statt das Schreien und Weinen des Babys als sein Signal zu erken-

nen, dass es für diese radikale Veränderung seiner Schlafgewohnheiten emotional noch nicht weit genug gereift ist, wird das Baby nachts weiterhin allein in seinem Zimmer gelassen. Die Eltern wenden dann die genannten Methoden an, um ihre Entscheidung bis zum Ende durchzuziehen. Aber es gibt auch Eltern, die merken, dass diese Methode den Bedürfnissen ihres Kindes nicht gerecht wird.

Frauke, 39, und ihr Mann Matthias, 37, haben diese Erfahrung gemacht:

»Das Buch ›Jedes Kind …‹ hatte ich zwar immer noch nicht gelesen, aber ich wusste ungefähr, worum es ging, da einige befreundete Mütter die Methode inzwischen angewandt hatten und mir stolz davon berichteten. Auch im sonstigen Familien- und Freundeskreis herrschte die Meinung vor, dass unsere Tochter (12 Monate) nun anfinge, ihre Grenzen auszutesten, und dass wir ihr keinesfalls nachgeben sollten. Man gab uns den Rat, sie ein paar Minuten schreien zu lassen. Bis dahin waren wir immer sofort, wenn sie sich meldete, zu ihr gegangen. Wir sollten sie keinesfalls mit in unser Bett zu nehmen, denn dann würden wir sie da nie wieder rausbekommen. Mein Mann und ich waren sehr verunsichert – auf der einen Seite klang alles, was das Umfeld sagte, logisch, auf der anderen Seite zerriss es uns das Herz, unsere Tochter weinen zu hören und nicht zu ihr zu gehen. Aber wir glaubten auch, dass unsere Tochter uns ›nur‹ testen wollte und dass wir ihr keinen Gefallen täten, wenn wir ihr nachgäben.

Eine knappe Woche glaubten wir das, in der wir jede Nacht unzählige Male ins Kinderzimmer gingen und unsere Tochter beruhigten, sie auch mal schreien ließen – das längste, was wir jemals durchhielten, waren drei Minuten und das auch nur, weil ich vollkommen erschöpft war und schon anfing, Aggressionen gegenüber meiner Tochter zu entwickeln.

Und dann saßen mein Mann und ich abends zusammen im Wohnzimmer, angespannt, nur darauf wartend, dass unsere Tochter aufwachen würde – und plötzlich machte es in meinem Hirn ›klick‹. Mir wurde klar, dass unsere Tochter sich wirklich sehr bemühte, unsere Wünsche und Erwartungen zu erfüllen, indem sie allein in ihrem Zimmer schlief, aber dass sie es einfach nicht schaffte. Ich erzählte das meinem Mann, und er sah das plötzlich genauso. Als Merle sich dann meldete, ging er zu ihr, nahm sie aus ihrem Bett und legte sie ins Schlafzimmer in unser Bett, wo sie fast sofort einschlief, obwohl wir noch gar nicht drin lagen.

Ich hörte tief in mich hinein und stellte fest, dass ich gar nichts dagegen hätte, wenn Merle ganz in unserem Bett schliefe. Die ganzen Argumente dagegen schienen mir plötzlich oberflächlich. Es mochte ja Kinder geben, die nie wieder aus dem Elternbett ausziehen wollen, aber ob das bei unserer Tochter auch so wäre, das wusste doch niemand! Und Grenzen austesten konnte sie den ganzen Tag, und wir konnten den ganzen Tag Grenzen setzen, warum musste das ausgerechnet beim Schlafen passieren, wenn wir alle drei sowieso müde und kraftlos waren?

Am vierten Abend fragte ich meinen Mann, ob er es denn

schlimm fände, wenn Merle von vornherein in unserem Bett schliefe – nee, er fand das gar nicht schlimm, sondern völlig in Ordnung. Und so zog Merle mit etwas über einem Jahr aus ihrem Bett aus und in unseres ein. Sie schlief in unserem Bett nach dem üblichen Ritual von Vorlesen und Kuscheln allein ein und meldete sich selten vor 23 Uhr. Wenn wir bis dahin nicht im Bett waren, gingen wir eben auch schlafen. Unser Leben war plötzlich viel leichter, wir machten uns keine Gedanken mehr ums Schlafen, wir taten es einfach.«

Es ist für Eltern leichter zu ertragen und vertretbar, sich vorzustellen, dass bei diesen Methoden das Baby etwas lernt. Es bedeutet etwas Positives im Leben eines Menschen, sich weiterzubilden und Fortschritte zu machen. Kann man aber das Schlafen *lernen*? Das geht vielleicht mit Lesen und Schreiben, aber mit dem Schlafen? Im Kapitel zu den Schlafphasen haben wir bereits gesehen, dass der Fötus schon im Mutterleib zu schlafen beginnt. Das Kind entwickelt demnach längst vor seiner Geburt diese Fähigkeit. Es braucht also Schlafen nicht erst zu *lernen*. Allerdings schläft das Baby nicht gleich so, wie sich das seine Eltern oftmals vorstellen. Das ist wohl der eigentliche Haken an der ganzen Geschichte. Ruhig und still schlafen wäre wohl am wünschenswertesten. Auch Eltern brauchen ihren Schlaf. Das ist ganz klar. Ausgeruhte Eltern sind auch besser für das Kind. Sie sind viel entspannter und geduldiger. Je mehr sie aber von ihrem Kind erwarten und noch dazu verfrüht, umso mehr setzen sie ihr Kind und auch sich selbst unter Druck. Ein Kind sollte aus Sicht seiner Entwicklung so weit gereift sein, dass es überhaupt zu Fortschritten imstande ist. Körperlich, psychisch und geistig. Niemand wird von einem fünf Monate alten Baby verlangen, dass es von heute auf morgen das Laufen erlernt und durch die Wohnung rennt. Zuerst rollt sich das Baby hin und her, dann wird es anfangen zu robben, bis es nach und nach versucht aufzustehen, um endlich zu laufen.

Es wäre schön, wenn man dem Baby diese Zeit auch gewähren würde, wenn es um seine Schlafgewohnheiten geht. Schlafen setzt keinen Lernprozess voraus. Es ist ein Entwicklungsprozess. So wie sich die Schlafphasen beim Baby nach und nach weiterentwickeln, so könnte man es auch mit seinem Schlafverhalten sehen.

Versuchen kann man immer wieder, das Baby allein schlafen zu lassen. Man testet es einfach aus. Doch wahrscheinlich werden Sie feststellen, dass Ihr Baby Ihnen zu verstehen gibt, wann die Zeit dafür gekommen ist.

Meistens entscheidet sich das Kind von ganz allein, aus dem Elternzimmer »auszuziehen«, wie die Kinder von Sandra, 32: »Meine engere Familie reagiert vorwiegend positiv darauf, dass das Kind bei den Eltern schläft. Wir tauschen uns viel über den Umgang mit Kindern aus und der Grundton geht schon in die Richtung, dass deren Bedürfnisse respektiert werden sollten. Freunde verstehen das nicht immer und praktizieren zum Großteil auch kein Familienbett. Oft bekomme ich nur komische Blicke, wenn ich erwähne, dass unsere Tochter ›immer noch‹ bei uns schläft. Sie ist zwei Jahre und zwei Monate alt. Unser Sohn begann sich im Alter von

etwa zweieinhalb Jahren für sein eigenes Bett zu interessieren und zog endgültig mit etwa dreieinhalb bis vier Jahren dort ein. Unsere beiden Kinder kannten es von klein auf nicht anders. Sie mussten nie weinen, damit ich sie nachts hörte, tranken (meine Tochter wird noch gestillt) im Halbschlaf und schliefen und schlafen in der Regel ruhig und entspannt.«

Bei jedem Kind wird der Zeitpunkt, allein in seinem Zimmer und im eigenen Bett zu schlafen, verschieden sein. Das kann bereits im ersten Lebensjahr sein. Bestimmte Kinder schlafen von Anfang an überhaupt nicht gern bei den Eltern im Zimmer. Sie sind nur unruhig oder brauchen es einfach nicht. Auch das ist zu respektieren.

Manchmal sind es die äußeren Umstände, die eine Veränderung der Schlafgewohnheiten bedingen. Da kann es für Mutter und Kind schwer werden, sich zu trennen, denn nicht sie selbst haben sich für diese Veränderung entschieden.

Bei Paula, 27, und ihrem Baby lag es zum Beispiel an der Beschaffenheit ihrer Wohnung: »Mein Baby war im Krankenhaus nach der Entbindung durch ungeplanten Kaiserschnitt sieben Nächte lang in meinem Bett. Ich empfand das als sehr schön, das Baby neben mir liegen zu haben, bei Bedarf stillen zu können, ich habe es total genossen. Viel Schlaf habe ich in diesen Nächten allerdings nicht bekommen. Die erste Nacht daheim war eine große Umstellung, musste es doch im Stubenwagen neben meinem Bett schlafen. Aber auch das hat gut funktioniert. Jetzt mit einem Jahr ist es für den Stubenwagen zu groß geworden, und es musste in ein Gitterbettchen umziehen. Dieses Gitterbettchen passt aufgrund der Dachschräge nicht in unser Schlafzimmer, das hieß, das Baby muss nun im Kinderzimmer schlafen. Es hat zwei Nächte gebraucht, um sich daran zu gewöhnen. Ich vermisse es sehr!«

Verhaltensprogramme für das kindliche Schlafverhalten werden eigentlich auch nur angewendet, wenn das Kind in seinem eigenen Zimmer schlafen soll. Und sie können auch nur eingesetzt werden, solange das Baby an sein Bettchen »gebunden« ist. Sobald es laufen kann, wird die Methode wirkungslos. Das Kind braucht dann auch nicht mehr zu schreien, um seine Eltern zu sich zu rufen. Es krabbelt selbst aus seinem Bettchen, steht mitten in der Nacht vor dem Elternbett und holt sich das, was es eben in genau diesem Moment braucht und sucht: die beschützende Nähe seiner Eltern.

Pro oder Kontra – zwischen den Gegnern und Befürwortern der Verhaltensprogramme wird es sicher nie zu einem Einverständnis kommen. Grund ist, dass sich die Gegner unter anderem mit dem Kind identifizieren und sich in das im Dunkeln schreiende Kind hineinversetzen. Die Befürworter tun das zwar auch, ihre psychischen und körperlichen Ressourcen senden ihnen aber das Signal: »Wenn du jetzt nicht etwas unternimmst und die Sache durchziehst, dann wirst du bald nicht mehr weiterkönnen!«

Dennoch möchten wir uns von diesen Methoden deutlich distanzieren. Wie die Ergebnisse der internationalen Bindungsforschung eindeutig zeigen, wird ein Kind, das man häufiger schreien lässt, für sein ganzes Leben durch die Erfahrung geprägt, dass seine Bedürfnisse nicht gestillt werden. Diese hat zur Folge, dass der Mensch auch später im Erwachsenenleben Unsicherheit in Entscheidungssituationen verspüren kann und auch in Partnerschaften Schwierigkeiten haben kann, eine starke Bindung aufzubauen.

In diesem Buch legen wir Wert auf die Nähe zum Kind und versuchen Eltern mehr Vertrauen in die organische Weiterentwicklung ihres Kindes zu geben. Manche Eltern wenden mehr oder weniger notgedrungen diese Methoden an, weil sie am Ende ihrer Kräfte sind. Und sie tun das meist schweren Herzens. Alle diese Eltern können bestätigen, dass sie mit ihrem Kind mitgelitten haben. Doch bei allem Pro und Kontra – es gibt vielleicht doch etwas, was die Eltern beider Lager verbindet: die Liebe zum Kind.

Ratschläge der Babyambulanzen

Eltern von schlafgestörten Säuglingen und Kleinkindern sind übermüdet. Wenn man wochenlang keine einzige Nacht durchgeschlafen hat, ist das Leiden der Eltern oft bereits so groß, dass in der Babyambulanz zunächst einmal geklärt werden muss, ob eine ambulante oder stationäre Behandlung angebracht ist. Besonders wenn ein Risiko von Kindesbestrafung oder Kindesmisshandlung besteht, sollte das Kind sofort stationär aufgenommen werden. Dadurch werden die Eltern augenblicklich entlastet und können sich selbst erholen. Kindesmisshandlungen treten dann auf, wenn die Eltern das Schreien des Babys nicht mehr ertragen können und, statt Hilfe beim Spezialisten zu suchen, ihr Baby zum Beispiel jede Nacht ins Badezimmer einsperren, wo sie sein Schreien nicht mehr hören können. Die Auswirkungen solcher Bestrafungen auf die Psyche des Babys, das sich die ganze Nacht lang allein überlassen ist, können verheerend sein.

Zur Erfassung der Schlafstörungen des Kindes werden die Eltern meistens gebeten, einen Fragebogen auszufüllen. Dieser Fragebogen enthält Fragen zu allen Bereichen von Schlafstörungen und erlaubt somit im Erstgespräch eine vorläufige Orientierung. Ein Exemplar finden Sie im Anhang dieses Buches mit der freundlichen Genehmigung des Schlaflabors der Kinderklinik Köln-Porz.

In der Babyambulanz wird den Eltern eine Untersuchung zur Erkennung einer möglichen Krankheit (Diagnostik) angeboten, die sie freiwillig in Anspruch nehmen können, aber nicht müssen. Dies kann folgendermaßen ablaufen:

Zunächst wird eine umfassende Untersuchung gemacht, um die Gesamtsituation des Kindes zu erfassen. Das betrifft seinen entwicklungspsychologischen Stand, medizinische Fragen, wie es auf andere Menschen reagiert und die psychosoziale Situation. Eventuell wird auch ein EEG (Elektroenzephalogramm) gemacht. Dann folgt die feine Videoanalyse einer etwa zehnminütigen Interaktionsszene, das heißt einer Spielsituation. Hilfreich sind auch Heimvideos, auf denen das schlafende Baby zu sehen ist. Danach wird ein Adult Attachment Interview (AAI) durchgeführt, das heißt, hier wird versucht festzustellen, wie das aktuell vorherrschende Bindungsmodell der

Eltern aussieht. Gleichzeitig können mögliche Unsicherheiten angesprochen werden. Ein weiterer Teil der Untersuchung ist die Durchführung des Working Models of the Child Interviews (WMCI) zur Feststellung internalisierter Beziehungsvorstellungen der Eltern zum Kind. Bei etwas älteren Kindern macht man sich auf die Suche nach den »Geistern« im Kinderzimmer durch ein einfühlendes Gespräch. Abschließend wird ein individuell zugeschnittener Plan erstellt:

Interventions- und Therapieplan

- Tag-und-Nacht-Tagebuch und/oder mehrtägige Bewegungsmessung bei Mutter und Kind (Aktometrie). Die Aktometrie ist relativ neu in der klinischen Praxis. Mittels eines kleinen uhrengroßen Geräts, des Aktometers, das wie eine Armbanduhr am Handgelenk getragen wird, kann die körperliche Aktivität über einen 24-Stunden-Tag kontinuierlich gemessen werden. Erhöhte körperliche Aktivität gilt als Indikator für gestörten Schlaf.
- Synchronisation der Schlaf/Wachrhythmik von Mutter und Kind, Verlaufskontrolle von etwa zwei Wochen.
- Ein etwaiger Paarkonflikt ist häufig durch die Symptomatik aggraviert. Auch auf diese Probleme sollte behutsam eingegangen werden.
- Keine invasive Einzel- oder Paartherapie vor der Stabilisierung der Schlafstörung des Kindes.
- Themenkonzentration auf positivere Tätigkeiten außer Schlaf, zum Beispiel Interaktion, Dialogkultur, Spiel.

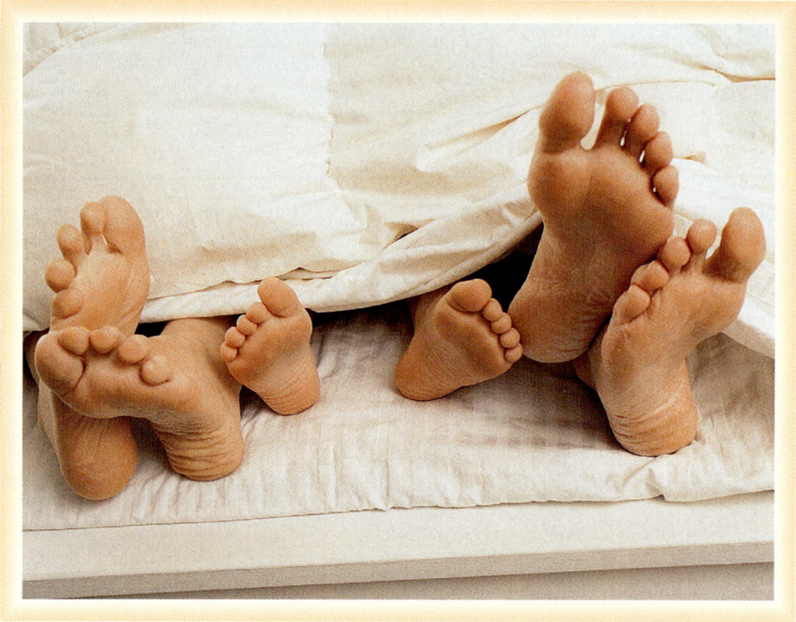

Bei Mama und Papa im Bett. Gibt es einen sanfteren Weg, um in den Schlaf zu finden?

Auch die Babyambulanzen empfehlen generell, dass Eltern keinen Druck auf ihr Kind ausüben sollten. Das behindert das Schlafen nur. Bei älteren Kindern, die Angst vorm Schlafengehen haben, sollten die Eltern dieser Angst nachgehen. Dabei ist es wichtig, dass die Ängste ernst genommen und nicht heruntergespielt werden. Dem Kind hilft es nicht, wenn Eltern sagen: »Du brauchst doch keine Angst zu haben!« Reden Sie mit Ihrem Kind über seine Ängste und hören Sie ihm vor allem zu. Sie können ihm auch vorschlagen, seine »Schreckgespenster« aufzumalen. Gespenster nehmen dann Gestalt an und können Aufschluss über ihre Herkunft geben.

Schlafstörungen haben manchmal ihren Ursprung in der Eltern-Kind-Beziehung und werden durch unangemessene Erziehungshaltungen verursacht. Die beste Möglichkeit, Eltern zu helfen, ist, ihnen zuzuhören und das wechselseitige Handeln von Eltern und Kind zu beobachten. Dabei geht es nicht um die Frage, »Wer hat Schuld?«, sondern nur um »Wie können wir besser miteinander leben?«

Das Schlaflabor

Schlaflaboruntersuchungen bei Kindern werden in Deutschland seit 1988 von Prof. Trowitzsch/PD Dr. Schlüter, Datteln, PD Dr. Scholle, Jena, jetzt Apolda und Dr. Wiater, Köln – Autor dieses Beitrags – durchgeführt. Zuvor gab es eine Phase der wissenschaftlichen Erarbeitung geeigneter Untersuchungsmethoden und der Prüfung geeigneter Fragestellungen (Frau Prof. Schläfke, Bochum). In Belgien (Prof. Kahn (†)/Dr. Grosswasser, Brüssel) und in den USA (Prof. Guilleminault, Stanford University) wurde bereits einige Jahre zuvor mit der systematischen Schlafuntersuchung von Kindern begonnen. In Frankreich haben Frau Gaultier und Frau Curzi-Daskalova wesentliche grundlegende wissenschaftliche Arbeiten zur Schlaflabordiagnostik bei Kindern durchgeführt.

In Deutschland war die Schlafdiagnostik bei Kindern vor allem darauf ausgerichtet, ein diagnostisches Mittel zur Erfassung von Risikokindern für den plötzlichen Säuglingstod zu entwickeln. Auch die Arbeiten von Herrn Kahn gingen in diese Richtung. Mittlerweile wissen wir, dass der plötzliche Säuglingstod ein so komplexes, von vielen Faktoren abhängiges Geschehen ist, dass er selbst mit einer so umfassenden Untersuchung wie der Schlaflaboruntersuchung nicht vorhersehbar ist. Dennoch lassen sich bei vermeintlichen Risikokindern für den plötzlichen Säuglingstod (familiäres Risiko, Frühgeborene etc.) auch weiterhin über Schlaflaboruntersuchungen Hinweise finden, die mit einem erhöhten Säuglingstodrisiko einhergehen. Dazu gehören zum Beispiel Atmungsstörungen, wie plötzliche Verengungen der oberen Atemwege. Die Kinder werden gegebenenfalls behandelt und mit einem Monitor für die Schlafüberwachung zu Hause versorgt.

Schlaflaboruntersuchungen bei Kindern – es gibt mittlerweile etwa 30 anerkannte Kinderschlaflaboratorien in Deutschland – dienen heute primär der differenzierten und detaillierten Untersuchung von Schlafstörungen, die durch andere Untersuchungstechniken nicht geklärt werden können. Schlaflaboruntersuchungen sind aufwendig und teuer und sollten deshalb nur dann durchgeführt werden, wenn Diagnose und Therapie mit anderen Mitteln nicht erfolgen können. Die Kinder kommen üblicherweise für ein bis zwei Nächte ins Schlaflabor. Es werden dann während der ganzen Nacht die Hirnströme aufgezeichnet, die Muskelaktivitäten werden ebenso gemessen wie der Luftstrom durch Mund und Nase, die Brust- und Bauchatmung, das EKG, Sauerstoff- und Kohlendioxid-Werte. Atmungsgeräusche werden aufgezeichnet und eine nächtliche Videoüberwachung durchgeführt. Während der gesamten Nacht wird das Kind von einer Pflegeperson überwacht. Das ist besonders wichtig, damit jederzeit überprüft werden kann, ob alle Sensoren richtig funktionieren, da sie sich bei Bewegungen manchmal ablösen. Zudem wird dadurch das Schlafverhalten des Kindes während der Nacht erkennbar. Die Untersu-

chung ist für die Kinder weder schmerzhaft noch unangenehm, manche Kinder müssen sich jedoch an die Atmosphäre erst gewöhnen, sodass eine wirkliche Aussage erst in der zweiten Untersuchungsnacht erfolgen kann.

Am Beginn der Diagnostik bei Schlafstörungen steht das ausführliche Gespräch zur Krankheitsgeschichte (Anamnesegespräch), manchmal schon ergänzt durch Schlaffragebogen und Schlafprotokoll. Daran schließt sich eine gründliche Untersuchung an, in der äußerliche Auffälligkeiten, die zu schlafbezogenen Atmungsstörungen führen können, wie beispielsweise ein zu kleines rückverlagertes Kinn, berücksichtigt werden. Außerdem wird die Entwicklung des Gehirns des Kindes betrachtet (entwicklungsneurologischer Befund). Nach diesen Untersuchungen ist meistens bereits eine erste Einschätzung der Problematik möglich. Insbesondere geht es um die Frage, ob es sich um extrinsische, das heißt von außen bedingte Störungen oder intrinsische, vom Körper ausgehende Störungen handelt. Bei den extrinsischen Schlafstörungen spielen zum Beispiel die Schlafumgebung, Licht- und Lärmeinflüsse eine Rolle, aber auch, wie die Eltern sich ihrem Kind gegenüber verhalten, ob schlaffördernde oder eher schlafhemmende Einflüsse mit einer Reizüberflutung des Kindes bestehen. In den meisten Fällen wird der schlafmedizinisch erfahrene Kinderarzt den Eltern dann schon gezielte Empfehlungen geben können, die in einem Folgetermin nach drei bis vier Wochen erneut besprochen werden können. Bei ausgeprägteren Störungen muss sich eine eingehende psychologische Diagnostik anschließen und die Familie über einen längeren Zeitraum kinderpsychologisch mitbetreut werden.

Für die intrinsischen Schlafstörungen bei Kleinkindern sind

vergrößerte Rachen- und Gaumenmandeln die Hauptursache. Dadurch kann es zu erheblichen Einengungen der Atemwege im Schlaf kommen, die mit Atemnot- und Sauerstoffmangelzuständen einhergehen können. Diese stören den Schlaf, können zu Herzbelastungen führen und nächtliches Einnässen begünstigen. Die Entfernung der Rachenmandeln und häufig die Teilentfernung der Gaumenmandeln mittels Laser sind wirksame Therapieverfahren. Auch bei diesen Störungen kommt man in der Regel ohne eine Schlaflaboruntersuchung aus.

Eine Schlaflaboruntersuchung sollte veranlasst werden, wenn

- die Vergrößerung der Mandeln nicht eindeutig als Ursache für die schlafbezogenen Atmungsstörungen erkennbar ist,
- das Schreien in der Nacht mit eingeschränktem Bewusstsein einhergeht oder plötzliche Einschlafattacken tagsüber auftreten,
- die Ursachen für eine Schlafstörung oder für Tagessymptome mit Verdacht auf zugrunde liegende Schlafstörung anders nicht zu klären sind.

So kann man die Ursachen erkennen und in der Regel eine gezielte Therapie beginnen. Hierbei können auch seltenere Formen von schlafbezogenen Atmungsstörungen festgestellt werden oder damit zusammenhängende Störungen der Herz-Kreislauf-Regulation, das Syndrom der unruhigen Beine, schlafbezogene epileptische Anfälle oder die seltene Narkolepsie.

So arbeitet ein Kinderschlaflabor

Im Folgenden erklärt Ihnen Dr. med. Annemarie Kramer von der Kinderklinik Lindenhof Berlin die praktische Arbeit eines Kinderschlaflabors. Lassen Sie sich dabei bitte nicht durch die etwas martialischen Bilder von Geräteparks erschrecken.

Viele Eltern fragen sich angesichts solcher Fotos: Wie kann man mit so vielen Kabeln um sich herum überhaupt schlafen?

Was haben denn die armen Kinder, die sich solch einer Prozedur unterziehen müssen?

Wenn mein Kind in der Nacht nicht durchschlafen kann – muss es dann im Schlaflabor untersucht werden?

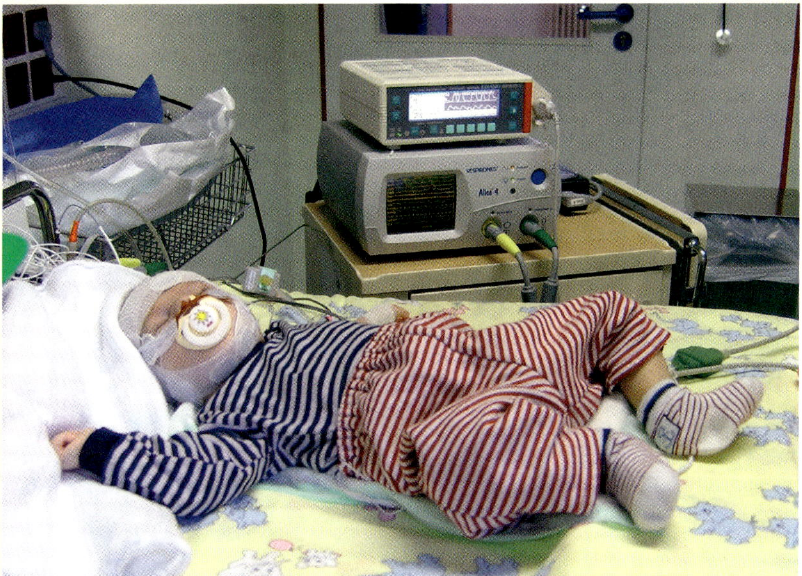

Das Ankleben der Elektroden tut gar nicht weh. Damit die Messfühler nicht verrutschen, wird ein Kopfverband angelegt.

Zunächst werde ich den Ablauf einer Schlaflaboruntersuchung erläutern und für Sie daraus ableiten, für welche Kinder eine Schlaflaboruntersuchung sinnvoll ist. Im Anschluss möchte ich Ihnen noch ein paar ganz persönliche Tipps für den Umgang mit Ein- und Durchschlafstörungen geben.

Als Leiterin des Schlaflabors zunächst einige wenige Worte zu mir selbst. Ich arbeite als Kinderärztin auf einer Kinderintensivstation und habe in den vergangenen dreieinhalb Jahren ein Kinderschlaflabor in unserer Klinik aufgebaut; mittlerweile gehört durch wachsende Nachfrage schon fast die Hälfte meiner Arbeitszeit der Kinderschlafmedizin. Ich bin selbst Mutter von drei Kindern und mir deshalb sehr wohl auch bewusst, dass zwischen guten Ratschlägen zum »perfekten« kindlichen Schlaf und deren Umsetzung Welten liegen können.

Das Schlaflabor unserer Klinik befindet sich auf der kinderneurologischen Station. Das Wort »Labor« stammt aus dem Lateinischen (laborare = arbeiten) und ist insofern ein etwas paradoxer Begriff, weil wir von unseren kleinen Patienten keinerlei Arbeit abverlangen, sondern uns eher »freundliche Passivität« wünschen: das Kind möge mit Gelassenheit und wenig motorischer Aktivität das Befestigen der Biosensoren über sich er-

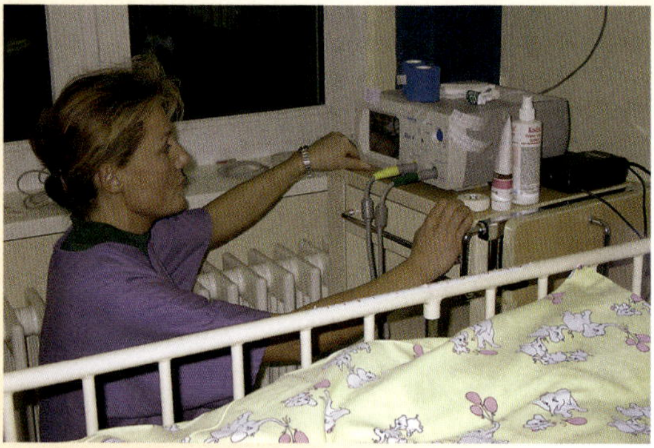

Die Schwester im Schlaflabor programmiert das Gerät und kontrolliert die Qualität der abgeleiteten Biosignale.

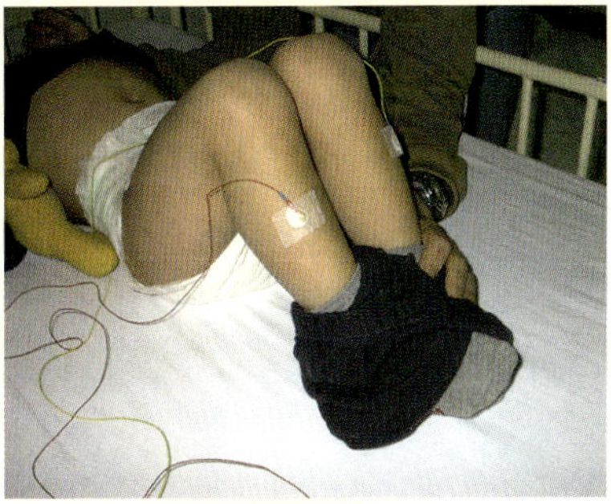 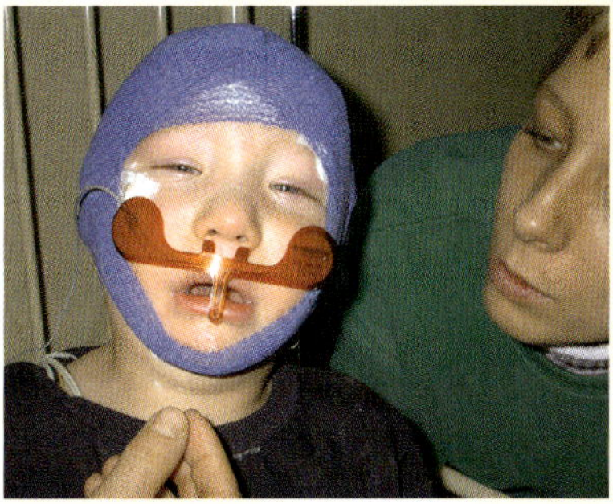

Hier werden die Beinbewegungen und schlafbezogene Atmungsstörungen erfasst. Für letzteres wird ein Messfühler zwischen Mund und Nase platziert.

gehen lassen, um anschließend möglichst rasch ein- und natürlich durchzuschlafen. Die eigentliche »Arbeit« leisten bei uns drei Kinderkrankenschwestern, die sich in die Methodik der Polysomnographie eingearbeitet haben. Unter Polysomnographie versteht man die Messung verschiedener biologischer Funktionen des schlafenden Patienten. Nicht wegzudenken ist natürlich die Hilfe der Mütter oder Väter der kleinen Patienten, deren Mitaufnahme im Krankenhaus wir ausdrücklich befürworten.

Nach Ankunft in der Klinik werden die Kinder vom Aufnahmearzt gründlich untersucht, und es findet ein ausführliches Gespräch mit den Eltern zu bisherigen Erkrankungen, zum Entwicklungsstand und natürlich zum Schlafverhalten des Kindes statt. Zusätzlich wird ein standardisierter Schlaffragebogen ausgefüllt, der 29 Fragen umfasst und wertvolle Informationen zu den wichtigsten schlafmedizinischen Krankheitsbildern liefert.

Je nach dem Einweisungsgrund ins Schlaflabor werden vor der eigentlichen »Schlaflabornacht« eventuell noch zusätzliche Untersuchungen wie zum Beispiel Lungenfunktionsuntersuchungen oder ein Röntgenbild der Lunge veranlasst.

Zwischen 19 und 20 Uhr beginnt eine der drei Schlaflaborschwestern ihren Nachtdienst und erläutert zunächst der Familie nochmals detailliert den

Ablauf der Untersuchung. Kleinere Kinder sind zu diesem Zeitpunkt bereits fertig gebadet und haben Abendbrot gegessen, so dass das Anlegen der Biosensoren sich gleich anschließen kann. Mit größeren Kindern wird der Zeitpunkt der Verkabelung individuell besprochen.

Die Auswahl der Biosignale richtet sich nach der Fragestellung. Da es jedoch immer um den Schlaf geht, müssen für dessen Analyse Hirnströme, Augenbewegungen und der Spannungszustand der Muskeln (Muskeltonus) aufgezeichnet werden. Das bedeutet, dass stets zehn und zum Teil mehr Biosensoren am Kopf und im Gesicht befestigt werden. Diese Sicherung der Elektroden mittels Kopfverband ist notwendig, damit sich auch bei unruhigen Schläfern die Messfühler nicht ablösen. Andere Sensoren werden an Brustkorb, Bauch, Armen und Beinen angebracht. Das Ankleben der Elektroden tut nicht weh; es gehört jedoch nicht viel Phantasie dazu, sich vorzustellen, dass gerade Kleinkinder durch diese Prozedur zuweilen sehr beunruhigt werden.

Die Schlaflaborschwestern haben sich inzwischen schon ein großes Repertoire an Spielchen und Ablenkungen ausgedacht, so dass lang anhaltend weinende Kinder zum Glück die Ausnahme sind. Alle Biosensoren laufen in einer Box zusammen. Von dort werden die Signale an das Aufzeichnungsgerät weitergeleitet und gespeichert. Über den Verlauf der Nacht sammelt sich ein beträchtlicher Berg »Rohdatenmaterial«, der durch ein spezielles Computerprogramm aufgearbeitet wird und schließlich vom auswertenden Arzt gesichtet, wissenschaftlich abgesichert und interpretiert wird.

Die nachfolgende Abbildung zeigt einen 30-Sekunden-Abschnitt aus einer »Ableitungsnacht«. Man sieht untereinander angeordnet die verschiedenen Kanäle. Die grüne Spur beispielsweise ist die Herzstromkurve (EKG). Etwas weiter unten in blau und rot sind Atemkurven aufgezeichnet und dem sorgfältigen Betrachter ist vielleicht aufgefallen, dass etwa in Bildmitte eine längere Atempause abgebildet ist.

Es wird sichtbar, dass während einer Polysomnographie verschiedene

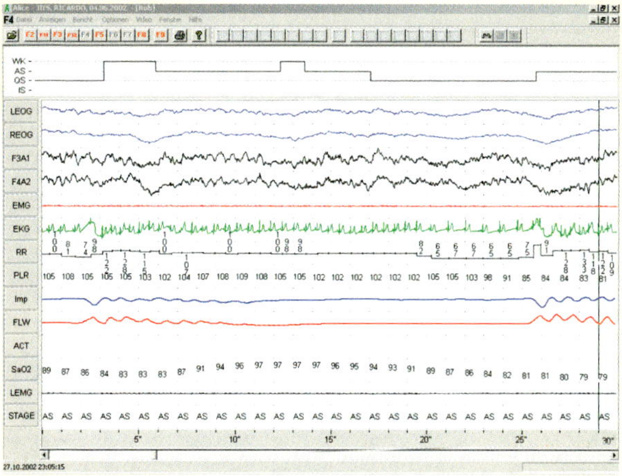

30-Sekunden-Abschnitt aus einer Ableitungsnacht. Die grüne »Spur« ist die Herzstromkurve. Mit Blau und Rot sind die Atemkurven gekennzeichnet.

Biosignale gleichzeitig und fortlaufend registriert werden. Der Wert dieser Aufzeichnungsmethode besteht darin, dass man die einzelnen biologischen Signale in ihrem Zusammenspiel sehen kann und dass man dadurch manche schlafgebundenen »Ereignisse« überhaupt erst versteht.

Das heißt, dass eine Schlaflaboruntersuchung für die Kinder sinnvoll ist, die durch unklare Ereignisse im Schlaf auffallen. Hier wird versucht einzuschätzen, inwieweit es sich um Krankheitszeichen handelt. Beispiele hierfür sind beobachtete Atempausen, Zuckungen, plötzliche wiederholte Schreiattacken ohne Erwachen des Kindes, starkes Schnarchen und – insbesondere bei sehr jungen Säuglingen – plötzliche Blässe oder Blauverfärbung der Haut.

Für Kinder, deren Schlaf, vor allem das Ein- und Durchschlafen, durch äußere Faktoren wie Lärm, Licht oder nicht verarbeitete Tageserlebnisse gestört ist, erübrigt sich eine Schlaflaboruntersuchung. Manchmal findet man jedoch auch komplizierte Mischungen von Störfaktoren oder sehr schwere Ein- und Durchschlafstörungen. Für diesen Fall ist eine Polysomnographie sinnvoll, mit der man untersuchen kann, ob organische (den Schlaf störende) Erkrankungen vorliegen oder nicht.

Wenn ich den Eltern im Auswertungsgespräch der Schlaflaboruntersuchung die erfreuliche Mitteilung machen kann, dass sich in Hinblick auf die Ursache der oft schweren Ein- und Durchschlafstörung keinerlei Hinweise für das Vorliegen einer organischen Erkrankung ergeben, ist ihnen damit natürlich nur zum Teil geholfen. Das eigentliche Problem ist ja nicht verschwunden und auch vorerst nicht mit Medikamenten oder »kleinen ärztlichen Eingriffen« in kurzer Zeit zu beheben. Hier kann jedoch eine kompetente Begleitung der durch Müdigkeit angeschlagenen Familie durch einen Familientherapeuten oder Kinderpsychologen ansetzen. Sie dauert mindestens mehrere Wochen, ist sicherlich die beste Lösung, praktisch jedoch oft nicht umsetzbar. Vor diesem Hintergrund hoffe ich an dieser Stelle natürlich, dass auch das vorliegende Buch bereits ein gutes Hilfsmittel im Umgang mit kindlichen Schlafstörungen ist.

Abschließend möchte ich einige Gedanken zusammentragen, die mir besonders wichtig sind, um sie Eltern schlafgestörter Kinder mit auf den Weg zu geben. Kurz vor dem Einschlafen sind konstante Rituale hilfreich, zum Beispiel das Vorlesen einer kurzen Geschichte. Anschließend kann man immer dasselbe Gute-Nacht-Lied singen. Diese hübschen Rituale werden nicht nur von Kleinkindern geliebt und geben Sicherheit.

Um ein rasches Wiedereinschlafen in der Nacht zu erreichen, sollte man möglichst leise und ruhig reagieren, um weder das Erwachen zu belohnen noch das Kind durch die eigene Reaktion erst richtig und endgültig zu wecken.

> Letztlich muss natürlich jede Familie ihr individuelles Konzept finden. Und es geht nicht darum, die Erwartungshaltung von Großeltern, Nachbarn und Kollegen zu bedienen, sondern eine Lösung zu finden, mit der diejenigen gut leben können, die an der Schlafstörung beteiligt sind: Eltern und Kind(er).

Das Schlafprotokoll oder Schlaftagebuch

»Wir haben vieles über den Schlaf von Kindern gelesen und erfahren. Die Bilanz ist allerdings eher, dass es so richtig niemand weiß und jeder mit dem eigenen Kind ausprobieren muss, wie es am besten klappt. Alle ›Anleitungen‹ können nur Anregungen sein. Gelernt haben wir aus all den Informationen, dass Schlafprobleme etwas Normales sind, was uns sicher geholfen hat, unsere Schwierigkeiten zu relativieren und zu bewältigen«, erfahren wir von Katja, 28.

Kindliches Schlafverhalten

Sehr oft verschwinden die Schlafstörungen, wenn man die Eigenheiten des Schlafverhaltens des Kindes respektiert und wenn die elterlichen Erziehungsvorstellungen mit dem kindlichen Schlafverhalten in Einklang gebracht werden. Voraussetzung ist, dass man das Schlafverhalten seines Kindes verstehen und kennen lernt. Dazu muss man das kindliche Schlafverhalten beobachten. Ein Schlafprotokoll wird Ihnen dabei helfen. Auch hier finden Sie ein Exemplar im Anhang. Am besten kopieren Sie es je nach Bedarf.

Das Schlafprotokoll (Vorlage siehe Seite 227) sollte von den Eltern während sieben bis zehn Tagen geführt werden. Täglich können Sie so das Schlaf-Wach-Verhalten Ihres Kindes protokollieren. Notieren Sie genau, wie oft Ihr Kind abends nicht einschlafen will, wie oft es in der Nacht aufwacht und wann es einschläft und morgens aufwacht. Auch bestimmte Ereignisse während des Tages sollten festgehalten werden. Vielleicht stehen diese Ereignisse mit dem nächtlichen Schlafverhalten in Zusammenhang und geben somit erste Aufschlüsse.

Viele Eltern lösen das Schlafproblem ihres Kindes ganz allein anhand des Protokolls. Mit Hilfe des Schlafprotokolls sind sich die Eltern vielleicht zum ersten Mal des Schlafverhaltens ihres Kindes bewusst geworden und haben Einblick in seinen realen Schlafbedarf bekommen. Und schon das allein kann die Erziehungshaltung der Eltern verändern.

Auch wird in vielen Fällen das Urteil über den Schlaf des eigenen Kindes relativiert. Die Eltern bemerken plötzlich, dass sie etwas übertrieben haben und dass das Kind nicht jede Nacht schlecht schläft. Sondern dass auch »gute« Nächte dazwischen liegen.

Es gibt aber auch die Möglichkeit, das ausgefüllte Schlafprotokoll zusammen mit einem Schlafspezialisten zu besprechen. Die Eltern sind meistens überrascht, wie hoch sie eigentlich den Schlafbedarf ihres Kindes eingeschätzt haben. Da das Kleinkind sich nicht immer gleich schreiend bemerkbar macht, wenn es morgens aufwacht, übersteigt die Verweildauer im Bett die Schlafdauer oftmals um Stunden.

Anhand der Informationen über den Schlaf Ihres Kindes können nun Einschlaf- und Aufwachzeiten festgelegt werden, die den Rhythmus des Kindes respektieren. An diesen Zeiten sollten die Eltern die nächsten 14 Tage festhalten. Erst nach etwa zwei Wochen wird sich das Kind wirklich an diese neuen Zeiten gewöhnt haben. Schlafstörungen können so behoben werden und die ruhigen Nächte beginnen.

Hinweise zum Schlafprotokoll

- Beobachten Sie das Schlafverhalten Ihres Kindes. Füllen Sie das Schlafprotokoll sorgsam aus.
- Entscheiden Sie zusammen mit einem Spezialisten, ob Ihr Kind einen Nachmittagsschlaf benötigt oder nicht.
- Legen Sie auf Grund des Schlafprotokolls die neuen Einschlaf- und Aufwachzeiten fest.
- Weichen Sie von nun ab die nächsten 14 Tage nicht mehr von den Einschlaf- und Aufwachzeiten ab. Führen Sie das Schlafprotokoll in dieser Zeit weiter, um Veränderungen im Schlafverhalten Ihres Kindes genau festzuhalten.

Es heißt nicht umsonst, dass beim zweiten Kind alles leichter wird. Eltern haben eine gewisse Übung entwickelt, wissen inzwischen, was in den Nächten auf sie zukommen kann und wie sie damit entspannter umgehen. Das neue Geschwisterchen »hängt« sich an das ältere, das ihm zum Einkuscheln auch noch ganz selbstverständlich den Weg ins Elternbett bahnt.

Schlaf beim zweiten Kind

»Beim Singen sitzt meine Tochter auf meinem Schoß und hört zu. Ich kraule ihr den Kopf, und sie manchmal auch meinen. Wir genießen diese gemeinsame Zeit beide sehr«, erzählt uns Connie, 27.

Besser als mit dieser Beschreibung des abendlichen Rituals lässt sich die Innigkeit und Zuneigung, mit der viele Eltern ihre Kinder zu Bett bringen, kaum einfangen. Es gibt sie auch in unserem hektischen Alltag noch, die Minuten der Besinnung zwischen Kindern und Eltern. Zum Idealbild vieler Familien gehören diese wertvollen Momente unbedingt dazu. Doch nicht immer lassen sie sich so einfach umsetzen. Gerade mit dem ersten Kind wird die Idylle getrübt von Schlafproblemen, nächtlichen Störungen, Schreiattacken und nicht zuletzt der Unsicherheit und Verzweiflung der unerfahrenen Eltern. Man will ja nichts falsch machen. Oft wird erst mit dem zweiten Kind auch die Gelassenheit geboren, die notwendig ist, um sich Kindern ganz und gar zu öffnen.

Schlafprobleme, so scheint es, sind immer auch eine Frage der Wahrnehmung. Während beim ersten Kind der Rhythmus und die Schlaflänge häufig thematisiert – und als Problem betrachtet – werden, haben sich die meisten Eltern bei den nachfolgenden Kindern an den Gedanken gewöhnt, zumindest zeitweise die Nacht zum Tag machen zu müssen.

»Ich sah immer nur glückliche Mütter mit schlafenden oder zufriedenen Babys, während ich selbst vor Erschöpfung kaum einen Fuß vor den anderen setzen konnte, um den Kinderwagen zu schieben«, erzählt eine Mutter von der ersten Zeit mit ihrer heute siebenjährigen Tochter Laura. Bei ihrem kleinen Sohn John dagegen findet sie die unruhigen Nächte normal. »Es dauert eben bei jedem Kind unterschiedlich lange, bis es einen Rhythmus gefunden hat«, sagt sie. Und auch die Mutter des sechsjährigen Ron und der zwei Jahre alten Lara, die jede Nacht drei- bis viermal für die Kinder aufsteht, zuckt nur die Achseln. »Bei meinem Sohn hatte ich große Sorgen, dass eine Krankheit hinter seinen Schlafstörungen steckt. Mittlerweile akzeptiere ich, dass eben nicht alle Kinder schlafen wie kleine Engel.«

Nach drei Monaten mit dem Säugling war Lauras Mutter körperlich und psychisch so erschöpft, dass sie sich an ihre Hebamme wandte, die sie in den ersten Wochen nach der Geburt betreut hatte. »Sie gab mir die Telefonnummer einer Schreiambulanz. Dort hatte ich zum ersten Mal das Gefühl, mit meinen Problemen nicht allein dazustehen, keine schlechte Mutter zu sein, weil mein Kind nicht glücklich war.«

Die Mutter von Ron dagegen brauchte zwei Jahre, ehe sie auf Verständnis stieß: Damals saß sie, weinend und ohne Antrieb, den ganz normalen Alltag zu bewältigen, bei ihrer Hausärztin und sagte: »Es ist mir so peinlich, dass ich nicht fähig bin, mit einem einzigen Kind klarzukommen.« Die

Ärztin, selbst Mutter zweier Kinder, fand die richtigen Worte. »Sie machte mir klar, dass ich in den vergangenen zwei Jahren mehr Arbeit geleistet hatte als jeder Schwerstarbeiter. Und dass ich ein Recht darauf habe, nachdem mein Kind aus der schwierigsten Phase heraus war, einfach mal schwach zu sein und keine großen Leistungen vollbringen zu müssen. Diese Worte haben mir unendlich viel Kraft gegeben«, erinnert sich Rons Mutter. Ein Jahr später hatte sie den Mut zum zweiten Kind – und ist glücklich über diese Entscheidung. »Tatsächlich bedeuten zwei Kinder keineswegs die doppelte Arbeit. Das zweite Kind hängt längst nicht so sehr an seiner Mutter – da ist immer noch das große Geschwisterkind als Bezugsperson. Dadurch wird der Alltag in vielen Punkten einfacher statt schwieriger.«

Die Mutter von Constantin, heute fünf Jahre, und Michel, 5 Monate, absolvierte das nächtliche Stillen bei Constantin »nach Lehrbuch«: Sie nahm ihn aus dem Bett, setzte sich in einen Sessel und stillte ihn, bis er aus beiden Brüsten genug getrunken hatte – danach war sie hellwach und konnte nicht mehr einschlafen. Michel dagegen nimmt sie nachts zum Stillen in ihr Bett, irgendwann schlafen beide gemütlich ein. »Natürlich weiß ich dann nicht, wie viel er getrunken hat. Aber ehrlich: Wichtiger ist doch, dass wir beide entspannt sind«, sagt die 36-Jährige heute.

Mehr auf ihre Intuition als auf gut gemeinte Ratschläge aus der Umgebung zu hören, musste auch die Mutter des sechs-

jährigen Eric, des vierjährigen Felix und der zwei Jahre alten Alina erst lernen. Sie müsse konsequent sein, rieten Großeltern, Nachbarn, Freunde, als Eric im Kleinkindalter häufig abends und nachts nach seiner Mutter schrie. »Ich hatte damals gerade ein Schlafbuch gelesen und hielt mich streng an die Regeln: Ich ging immer nur kurz in Erics Zimmer, sprach mit ihm, ging wieder hinaus und verlängerte die Abstände, ihn zur beruhigen. Das half gar nichts«, erzählt die Mutter der drei quirligen Kinder. Heute weiß sie: »Man muss erkennen, welches Verhalten für das einzelne Kind richtig ist. Eric ist sehr sensibel, er braucht meine Nähe, während ich bei Felix nur mit absoluter Konsequenz weiterkomme, wenn er abends zu lange tobt.«

Jedes Kind mit seinen Bedürfnissen und Eigenarten anzunehmen, ist vermutlich auch das Geheimnis der Gelassenheit einer dreifachen Mutter aus Hamburg: Die Mutter von Valentin, fünf Jahre, dem dreijährigen Max und der zwei Jahre alten Elisabeth strahlt Zufriedenheit und Ruhe aus, obwohl ihre Nächte selten ruhig sind. »Mal hat Max eine Schnupfennase, die ihn nicht einschlafen lässt, dann schleppt Valentin Scharlach oder Windpocken aus dem Kindergarten an. Eigentlich kommen wir nie zur Ruhe«, sagt sie. Doch sie versucht gar nicht erst, die Kinder in den Rhythmus der Erwachsenenwelt zu zwängen, sondern nimmt jeden Tag, wie er kommt. Mit dem Ergebnis, dass sowohl sie und ihr Mann als auch ihre Kinder ausgeglichen sind, auch wenn – mit den Augen anderer gesehen – mal wieder alles schief läuft.

Wie ein Damoklesschwert scheint über jungen Eltern die Gefahr zu schweben, ihr Kind nie wieder aus dem Ehebett verbannen zu können, wenn sie es je hineinlassen sollten. »Gewöhnt eurem Kind das bloß nicht an«, tönt es mit unheilschwangerer Stimme von allen Seiten. Auch hier reagieren viele Eltern mit zwei und mehr Kindern gelassener. Sie vertrauen auf sich und ihre Erfahrung.

Wenn auch die Familienmatratze, auf der Valentin, Max und Elisabeth jeden Abend mit ihren Eltern kuscheln und einschlafen, nicht jedermanns Sache ist, gilt das Elternbett beim zweiten Kind häufig nicht mehr als Tabuzone.

»Bei uns hatte es zunächst praktische Gründe, dass wir den Kleinen in unser Bett geholt haben«, erzählt die Mutter von Laura und John. »Er träumt sehr intensiv. Wenn er dann weinte, hat er oft Laura geweckt. Jetzt krabbelt er nach einem bösen Traum mit klopfendem Herzen in mein Bett. Ich genieße es, mit ihm zu kuscheln und wieder einzuschlafen, denn an Laura sehe ich, wie schnell die Kinder unabhängig werden und ihre eigene Privatsphäre beanspruchen.«

Und auch aus einem anderen Grund haben es Zweitgeborene manchmal einfacher: Sie müssen die Privatsphäre ihrer Eltern nicht mehr erobern, das haben die großen Geschwister bereits getan. Manche Einschränkungen, die man beim ersten Kind manchmal recht stark empfindet, sind selbstverständlich geworden und einem kindgerechten Familienleben gewichen. Eine perfekte Ausgangssituation für das zweite Kind.

Unsere 10 Regeln für den gesunden Kinderschlaf

1. Das Kind erst ins Bett bringen, wenn Müdigkeitsanzeichen sichtbar sind.
2. Das Kind an feste Schlafenszeiten gewöhnen, die seine innere Uhr respektieren.
3. Das Kind schläft zumindest im ersten Jahr im Zimmer der Eltern.
4. Durchführung eines Einschlafrituals, das die Bedürfnisse des Kindes nach Nähe und Körperkontakt mit seinen Eltern begünstigt.
5. Beim Kind bleiben, bis es einschläft.
6. Die Schlafumgebung ist ruhig und abgedunkelt. Die Raumtemperatur sollte überprüft werden.

7. Das Kind nicht schreien und weinen lassen, wenn es abends nicht einschlafen kann oder nachts aufwacht.
8. Bei Wiederaufwachen während der Nacht auf die Bedürfnisse des Kindes eingehen.
9. Konsultation des Kinderarztes bei länger anhaltenden Schlafschwierigkeiten und außergewöhnlichen Verhaltensweisen im Schlaf.

10. Beruhigungsmittel für Kinder sollten nur im Notfall und nach Absprache mit dem Kinderarzt gegeben werden.

Schlafprotokoll

Name: ____________________, Vorname: ____________________, Geb.-Datum: ____________________.

Tag:	**Montag**	**Dienstag**	**Mittwoch**	**Donnerstag**	**Freitag**	**Samstag**	**Sonntag**
Datum:							
Aufwachzeit morgens							
Kind musste geweckt werden							
Schlaf tagsüber (Zeitpunkt/Dauer)							
Befinden am Tage 1=☺ 3=😐 5=☹							
Aktivitäten vor dem Zubettgehen abends (Art/Dauer)							
Zubettgehzeit							
Aktivitäten nach Zubettgehen, Ritual? (Art/Dauer)							
Einschlafzeit							
Nächtliches Aufwachen (Aktivitäten/Dauer/Häufigkeit)							
Auffälligkeiten im Schlaf							
Gesamte Schlafzeit nachts							
Ergänzungen							

Krankenhaus Porz am Rhein, Kinderklinik, Schlaflabor, Urbacher Weg 19, 51149 Köln, Tel: 02203/566-1354, Fax: 02203/566-1355

Danksagung

Unser herzlicher Dank gilt der Zeitschrift »Eltern«, insbesondere der Online-Redakteurin Margarete Arlamowski, für ihre wertvolle Hilfe bei der Erstellung der bundesweiten Schlafstudie, die diesem Buch zu Grunde liegt. Bedanken möchten wir uns auch bei Dr. Annmarie Kramer, Dr. Alfred Wiater, der Psychotherapeutin Anja Hable und der Psychologin Diane Chatelut-Lemaître für ihre informativen Beiträge zu unserem Schlafbuch.

Nicht zuletzt danken wir ganz herzlich allen Eltern, die uns ihre Sorgen, Ängste, aber auch Freuden zum Schlafverhalten ihrer Kinder anvertraut haben. Ohne sie wäre dieses Buch nicht möglich gewesen.

Bildnachweis

Babyzoom 44, 82, 122, 188; Commandini, Livia 59; Corbis 132; Getty 70; Japan Photo Archiv 118; Medixtra 19, 25; Photoactive 146; Photonica 37, 41, 53, 60, 72, 159, 176, 180; Schedler, Florian 69; Ullstein Bilderdienst 17, 64, 67; Dr. Annemarie Kramer 211, 212, 213, 215; Zefa 14, 31, 33, 99, 106, 114, 206, 220

Wir danken der Firma Käthe Kruse für die großzügige Bereitstellung von Bildmaterial.

Grafik S. 22 entnommen aus: Schmidt, Schneeweiß: Schritt um Schritt, 1988 Verlag Volk und Gesundheit, Berlin

Illustration S.92 von Ruthild Busch-Schumann aus: Guten Abend, gut' Nacht! © um 1930 Verlag Josef Scholz, Mainz

Illustration S.141 von Imke Sönnichsen aus: Angelika Glitz, Monster unter Willis Bett © 2000 by Thienemann Verlag, Stuttgart – Wien

Literatur

Engels E., 2003, *Kinder in der Apotheke,* Eschborn: Govi Verlag.
Herman E., 2003, *Vom Glück des Stillens,* Hamburg: Hoffmann&Campe.
Hoffmann S. O. & Hochapfel G., 1995, *Neurosenlehre, Psychotherapeutische und Psychosomatische Medizin,* Stuttgart: F. K. Schattauer Verlagsgesellschaft.
Largo R. H., 1999, *Kinderjahre,* München: Piper.
Largo R. H., 2001, *Babyjahre,* München: Piper.
deMause L., 1977, *Hört ihr die Kinder weinen. Eine psychogenetische Geschichte der Kindheit,* Frankfurt: Suhrkamp Verlag.
Rabenschlag U.,1998, *Kinder reisen durch die Nacht,* Freiburg: Verlag Herder.
Sears W., 1991, *Schlafen und Wachen,* Zürich: La Leche Liga Schweiz

Spezielle wissenschaftliche Literatur zur Schlafproblematik bei Kindern unter www.stephanvalentin.de

Kontaktadressen

Schlaflabore

Frau Dr. med. A. Kramer
Schlaflabor an der Klinik für Kinder- und Jugendmedizin Lindenhof
Gotlindestr. 2–20, 10365 Berlin
Tel. (030) 55 18 50 54/52 04, Fax (030) 55 18 51 99
Email: adpad01@khl-berlin.de
www.khl-berlin.de

Dr. med. Alexander Blau
Charité – Universitätsmedizin Berlin
Campus Charité – Mitte

Medizinische Klinik m. S. Kardiologie, Pulmologie, Angiologie
Schlafmedizinisches Zentrum
Luisenstraße 13 a, 10117 Berlin
Tel. (030) 4 50–51 31 36, Fax (030) 450–51 39 06
Email: schlaf.labor@charite.de
www.charite.de/schlaflabor/lage.html

Prof. Dr. med. H. Skopnik
Stadtkrankenhaus Worms GmbH, Kinderklinik Schlaflabor
Gabriel-von-Seidl-Straße 81, 67550 Worms
Tel. (0 62 41) 501–400, Fax (0 62 41) 501–620

PD Dr. habil. E. Paditz
Universitätsklinikum Carl Gustav Carus
Technische Universität Dresden, Klinik und Poliklinik
für Kinderheilkunde
Fetscherstr. 74, 01307 Dresden
Tel. (03 51) 4 58–39 49, Fax (03 51) 4 41 72 17

Städtische Klinikum Heinrich-Braun Zwickau
Klinik für Kinder- und Jugendmedizin, Schlaflabor
Karl-Keil-Straße 35, 08060 Zwickau
Tel. (03 75) 51 21 38, Fax (03 75) 52 95 51

Dr. med. Darr
Städtisches Krankenhaus Eisenhüttenstadt GmbH
Abt. für Kinder- und Jugendmedizin,
Schlafmedizinisches Zentrum
Friedrich-Engels-Straße 39, 15890 Eisenhüttenstadt
Tel. (0 33 64) 54 32 05, Fax (0 33 64) 54 32 06

Dr. med. Kössel
Städtisches Klinikum Brandenburg GmbH, Klinik für Kinder- und Jugendmedizin
Hochstraße 29, 14770 Brandenburg a. d. Havel
Tel. (0 33 81) 41 18 00

Prof. Dr. med. V. Wahn
Klinikum Uckermark, Klinik für Kinder und Jugendliche
Auguststraße 23, 16303 Schwedt
Tel. (0 33 32) 53 23 70, Fax (0 33 32) 53 22 02

Prof. Dr. med. C. Rieger, H. Petri
Klinik für Kinder- und Jugendmedizin im St. Josef-Hospital Bochum
Univ.-Kinderklinik
Alexandrinenstraße 5, 44791 Bochum
Tel. (02 34) 5 09 20 35, Fax (02 34) 5 09 26 12

Prof. Dr. med. Otto Schofer, Frau Dr. med. E. Feldmann
Kinderklinik Kohlhof, Akad. Lehrkrankenhaus, Schlaflabor
Klinikweg 1–5, 66539 Neunkirchen
Tel. (0 68 21) 3 63–0, Fax (0 68 21) 36 33 65
Email: kinderklinik@kln-kiko.nk.shuttle.de

Dr. med. A. Wiater
Krankenhaus Porz am Rhein, Kinderklinik, Schlaflabor
Urbacher Weg 19, 51149 Köln
Tel. (0 22 03) 5 66 13 54, Fax (0 22 03) 5 66 13 55

Prof. Dr. Trowitzsch, Dr. med. Schlöter, Dr. Buschatz
Vestische Kinderklinik
Dr. Friedrich Steiner Straße 5, 45711 Datteln
Tel. (0 23 63) 97 52 72, Fax (0 23 63) 6 42 11

Dr. med. Th. Erler
Carl-Thiem-Klinikum Cottbus
Klinik f. Kinder- u. Jugendmedizin/Polysomnographie,
Pädiatrisches Schlaflabor
Thiemstraße 111, 03048 Cottbus
Tel. (03 55) 46 22 59, Fax (03 55) 46 20 77

Weitere Adressen im Internet unter:
www.schlafmedizin.de/aerzte/aerzteverzeichnis.html

Beratungsstellen für Eltern von Schreibabys

Schreibabyambulanz im Stadtteilzentrum Kreuzberg
Gefördert durch die Charlotte Stepphuhn Stiftung
und den Senat von Berlin
Lausitzerstr. 8, HH rechts, 10999 Berlin
Tel. (030) 61 62 99 82 telefonische Anmeldung ist erforderlich
Ansprechpartner: Anja Hable, Körperpsychotherapeutin,
Psychotherapeutische Heilpraktikerin/www.anja-hable.de

Nachbarschaftsetage Fabrik Osloer Straße e. V.
Osloer Str. 12, Aufgang A, 1. OG, 13359 Berlin (Wedding)
Tel. (030) 4 93 90 42
oder Paula Diederichs (030) 43 66 90 44

Frei-Zeit-Haus e. V. Weißensee
Pistoriusstr. 23, 13086 Berlin
Tel. (030) 92 79 94 63
oder Karin Philipp (030) 4 04 53 33

Nachbarschaftsheim Mittelhof e. V.
Königstr. 42–43, 14163 Berlin (Steglitz-Zehlendorf)
Tel. (030) 80 10 90 78
oder Gerd Poerschke (03 32 03) 2 20 11

Nachbarschafts- und Selbsthilfezentrum in der Ufa-Fabrik e. V.
Viktoriastr. 10–18, 12105 Berlin (Tempelhof-Schöneberg)
Tel. (030) 75 50 31 22
oder Paula Diederichs (030) 43 66 90 44
oder Gerd Poerschke (03 32 03) 2 20 11

Stillpraxis Elisabeth Kurth
Schreikindersprechstunde, Babymassage, Trageberatung, Weiterbildung
Augustusweg 46, 01445 Radebeul
Tel. (03 51) 8 30 34 78

Kinderklinik des Marienhospitals Wesel, pädagogisch-psychologisches Team (bei akuter Krisensituation und für geplante Aufnahmen zur Diagnostik, Entkopplung und Erstbehandlung mit vollstationärer Betreuung)
Pastor-Janßen-Str. 8–38, 46483 Wesel
Tel. (02 81) 1 04 16 70

Sozialpädiatrisches Zentrum (SPZ) Marienhospital Wesel (ambulante Behandlung und Nachbetreuung)
Pastor-Janßen-Str. 8–38, 46483 Wesel
Tel. (02 81) 1 04 16 70
Email: spz@marien-hospital-wesel.de

KJPP. Institutsambulanz und Tagesklinik für Kinder- und Jugendpsychiatrie und Psychotherapie
Dinslakener Landstrasse 10, 46483 Wesel
Tel. (02 81) 16 39 70
Email: Sekretariatkjp@marien-hospital-wesel.de

Klinikum Stuttgart Olgahospital, Sozialpädiatrisches Zentrum
Dr. Andreas Oberle, Ärztlicher Leiter
Bismarckstraße 8, 70176 Stuttgart
Tel. (07 11) 9 92 27 60, Fax (07 11) 9 92 24 29
www.olgahospital.de

Malteser Krankenhaus St. Anna
Sozialpädiatrisches Zentrum, Schreiambulanz
Albertus-Magnus-Str. 33, 47259 Duisburg-Huckingen
Tel. (02 03) 7 55 12 81
Leitung: Diplom-Psychologe Gero Hufendiek
Email: Gero.Hufendiek@malteser.de

Jungwald Stiftung
Elternsprechstunde für Säuglinge und Kleinkinder
Im Jungwald 9, 67663 Kaiserslautern
Tel. (06 31) 3 11 19 01

REHA Westpfalz
Schreiambulanz – Sozialpädiatrisches Zentrum und Frühförderung
Am Rothenborn, 66849 Landstuhl
Tel. (0 63 71) 93 41 31
Ansprechpartner: Frau Dr. Andersen, Dr. Abelitis, Psychologe
Frank Paulus Entwicklungspsychologische Beratung:
Frau Dipl.-Psych. Reidenbach, Frau Dipl.-Psych. Langenaken

Schreisprechstunde
Beratung für Eltern mit Babys und Kleinkindern
Poliklinik der Universitätsklinik für Kinder und Jugendliche
Oststraße 21–25, 04317 Leipzig
Tel. (03 41) 9 72 62 42

Schreiambulanz Thomas Harns
Fedelhören 106, 28203 Bremen
Tel. (04 21) 3 49 12 36

»Sprechstunde für Schreibabys«
Kind- und Eltern-Frühförderung Fürth
Karolinenstraße 108, 90763 Fürth
Tel (09 11) 72 22 52
Ansprechpartner: Frau Heinritz (Heilpäd.),
Frau Schrempp (Dipl. Psych.)

Vom Säugling zum Kleinkind
Beratung für Eltern mit Kindern bis zum 3. Lebensjahr
Friedrich-Ebert-Straße 4, 14467 Potsdam
Tel. (03 31) 2 70 05 74, Fax (03 31) 5 80 24 59
Email: Elternbe@fh-potsdam.de
Internet: forge.fh-potsdam.de/~IFFE/schrei.htm

Trostreich, Selbsthilfeinitiative für Familien mit »Schrei-Babys«
Jutta Riedel-Henck
Schulstraße 10, 27446 Deinstedt
Tel. (0 42 84) 3 95

Familientagesklinik und Poliklinik für Säuglinge,
Klein- u. Vorschulkinder von 0 bis 7 Jahren
Schmeddingstraße 50, 48149 Münster
Tel. (02 51) 8 35 67 01, Fax (02 51) 8 35 61 49

Erziehungsberatungsstelle des Landkreises Celle für Kinder,
Jugendliche und Eltern
Dr. Gisela Lösche
Denickestraße 110 b, 29225 Celle
Tel. (0 51 41) 4 20 63, Fax (0 51 41) 95 15 69
Email: eb@lkcelle.de

Pro Familia
Frau Dipl.-Päd. Ingrid Löbner
Hechingerstraße 8, 72072 Tübingen
Tel. (0 70 71) 3 41 51, Fax (0 70 71) 36 09 54

Ärztliche Beratungsstelle Kinderklinik Lüdenscheid
Brigitte Bering-Bette
Hohfuhrstraße 25, 58509 Lüdenscheid
Tel. (0 23 51) 46 39 15

Dr. med Dorothee Messer-Besmens
Ärztin für Kinder- und Jugendpsychiatrie, Beratungs- und
Therapieangebote
Teichweg 1, 37085 Göttingen
Tel. (05 51) 4 40 03

»Schrei-Babys«
Frau Dipl.-Psych. A. von Wahlert
Frau Dr. med. U. Gaiser
Sozialpädiatrisches Zentrum (SPZ)
Kinderklinik Memmingen
Bismarckstraße 23, 87700 Memmingen
Sprechstunde dienstags nach Vereinbarung
Terminvergabe: Tel. (0 83 31) 70 23 00

Münchner Sprechstunde für Schreibabys
Kinderzentrum München
Heiglhofstraße 63, 81377 München
Tel. (0 89) 71 00 93 30

Schreibaby Ambulanz/Sabine Ulrich
Elternschule Süderelbe/Hamburg/Niedersachsen
Schnelle Hilfe für Eltern von Schreibabys
Rehrstieg 60, 21147 Hamburg
Tel. (0 40) 74 57 02 09
(auch telefonische Beratung)
Email: schreibaby_ambulanz@web.de
www.schreiambulanz.de

Weitere Adressen im Internet unter:
www.gaimh.de
www.vaeternotruf.de/schreibaby.htm
www.trostreich.de

Sachwortregister